江苏名村

引江社区志

泰州医药高新区（高港区）口岸街道引江社区志编纂委员会
江苏省地方志工作办公室
编著

JIANGSU FAMOUS VILLAGE

ANNALS OF YINJIANG COMMUNITY

南京出版传媒集团 南京出版社

图书在版编目（CIP）数据

江苏名村. 引江社区志 / 泰州医药高新区（高港区）口岸街道引江社区志编纂委员会，江苏省地方志工作办公室编著. -- 南京 : 南京出版社, 2024. 12. -- ISBN 978-7-5533-5126-1

Ⅰ. K295.35

中国国家版本馆 CIP 数据核字第 2024VJ1980 号

书　　名　江苏名村・引江社区志
作　　者　泰州医药高新区（高港区）口岸街道引江社区志编纂委员会
　　　　　江苏省地方志工作办公室
出版发行　南京出版传媒集团
　　　　　南 京 出 版 社
　　　　　社址：南京市太平门街53号　　邮编：210016
　　　　　网址：http://www.njcbs.cn　　电子信箱：njcbs1988@163.com
　　　　　联系电话：025-83283893、83283864（营销）　025-83112257（编务）

出 版 人　项晓宁
出 品 人　卢海鸣
责任编辑　严行健
装帧设计　良在设计
责任印制　杨福彬

排　　版　南京凯德印刷有限公司
印　　刷　南京凯德印刷有限公司
开　　本　787毫米×1092毫米　1/16
印　　张　10.75
字　　数　120千字
版　　次　2024年12月第1版
印　　次　2024年12月第1次印刷
书　　号　ISBN 978-7-5533-5126-1
定　　价　98.00元

用微信或京东APP扫码购书

用淘宝APP扫码购书

江苏名镇名村志总序

江苏人文荟萃，文化底蕴深厚，享有“方志之乡”的美誉。历代志书不仅数量众多，良志辈出，而且镇村志编修也十分发达。仅明清两代，江苏就有镇村志239种，为全国仅有。党的十八大以来，地方志事业进入新的发展阶段。根据《国务院办公厅关于印发全国地方志事业规划发展纲要（2015—2020）的通知》对镇村志工作提出的新要求，2016年12月，省政府办公厅发文，启动全省名镇名村志编修。这是江苏镇村志编修的新的里程碑。

习近平总书记强调，乡土文化的根不能断。乡镇村庄是中华传统文化的根基，积淀了中华民族灿烂的农耕文明，见证了千百年来社会的发展变迁，寄托无数华夏儿女的乡愁记忆。江苏现有国家级和省级历史文化名城16座、历史文化名镇39个、历史文化名村18个、中国传统村落33个、历史文化街区99处。国家级历史文化名城、名镇和中国历史文化街区的数量均名列各省区首位。在这片肥沃的土地上，江苏人民世代躬耕劳作，留下了数量众多的名镇名村，催生了丰富多彩的乡土文化。有“人家尽枕河”的江南小镇，也有“两面云山一面湖”的淮海胜境；有“水光翻动五湖天”的自然景致，也有“听取蛙声一片”的农家村落。这些名镇名村所蕴含的优秀乡土文化，是中华传统文化的重要组成部分。

党的十九大提出乡村振兴战略。这是美丽乡村建设的关键举措，也是传承发展传统文化的有效途径。截至2018年底，我国常住人口城镇化率达59.58%，江苏达到69.61%。千百年来“暧暧远人村，依依墟里烟”的乡村中国，正在经历着人类历史上规模最大、速度最快的城镇化进程。如何处理好传统与现代、继承与发展的关系，如何把记忆留住、把乡愁留下，是摆在我们面前的一道必答题。江苏以高度的历史责任感，出台保护名镇名村的政策法规，探索保护名镇名村的路径方法，为社会经济发展留下文化根脉，让子孙后代望得见山、看得见水、记得住乡愁，众多名镇名村得到有效保护，不少名镇名村驰名中外，许多有益的探索弥足珍贵。这些可圈可点的江苏经验，是一笔不可多得的宝贵财富。

“直笔著信史，彰善引风气，为当代提供资政辅治之参考，为后世留下堪存堪鉴之记述。”省地方志办公室组织编纂的《江苏名镇名村志》丛书，旨在通过权威的地情资料，以突出“名”“特”的志书表达方式，记录名镇名村的前世今生，展示名镇名村的文化魅力，推介名镇名村的品牌价值，让乡愁记忆有所承载，让家国情怀有所寄托，为乡村振兴战略提供人文关怀，为新型城镇化建设提供历史智慧。

省地方志办公室坚持理念创新，引领工作创新，创造性地以编纂全媒体志书的思路指导江苏名镇名村志丛书的编纂。不仅积极抢救保存传统的村镇文化，更着眼未来，把宣传推介村镇文化、服务乡村振兴战略作为志书的重要使命，让名镇名村志成为当地名片。不仅如实记录名镇名村发展的历史，更适应当代记录手段的多样化，采用时尚图书的做法、按照最美图书的标准，改变以文字记录为主的传统方式，把音视频、图片与文字等量齐观，让读者在有限的时间和空间内获取最大的信息量，使名镇名村志从无声变成有声，从平面成为立体，从静态变为动态，真正为人民群众所喜闻乐见。

“君自故乡来，应知故乡事。”每一部志书，记载的都是一方水土上的人和事，都是一方人民的精神家园。希望大家在打开《江苏名镇名村志》，品读一个个鲜活的乡村故事的时候，努力地去触摸民族精神的灵魂，在深切感受历史文化气息和爱国爱家情怀的过程中，涵养文化自信的根基。

谢润盛

2020年8月

序

社区志是一个区域历史的真实写照和理性总结，是一个地方经济社会发展的轨迹和再现。《江苏名村·引江社区志》在编写过程中，力求实事求是，尊重历史、尊重事实，记乡情、留乡音、唤乡愁，激发在外乡贤爱乡爱国，激励本地人民奋发图强，建设更加美好的家乡。

引江社区是涉农社区，由自然村庄兴起，先辈们在这里辛勤耕耘，生息繁衍，为建设美好家园奉献着智慧和力量。他们筚路蓝缕，不竭追寻，涌现出了众多仁人志士、能工巧匠以及商贾名流。引江人民励精图治，开拓进取，取得了可圈可点的业绩，几代引江儿女在建设家乡、奉献社会中作出贡献。为了泰州引江河的建设，引江社区21个居民小组，有11个小组的全部或部分居民被拆迁，近半数居民离开原宅地，为国家建设做出了重要贡献。

引江社区紧邻扬州市江都区，一度位置偏僻，2004年前还是一个经济薄弱村。2004年，村“两委”班子定目标、理思路、谋发展，解决经济社会发展中的矛盾和困难，鼓劲增压、跨越赶超，奋力打造实力引江、活力引江、幸福引江，经济社会发展取得长足进步。引江社区干群锐意进取，不等不靠，不辱使命，抢抓机遇，充分利用资源优势，克服一切困难和阻力，稳步有序发展村级集体经济及各项事业。现在的引江社区，经济发展快攀登、基础设施全配套、村庄环境美如画、公共服务全覆盖、人民生活更幸福，各项工作都走在了全区村（社区）前列，正奋力打造泰州的“明星村”，在实现乡村振兴道路上走出一条具有引江特色的发展之路。

用文字的形式把引江社区人民的奋斗历程和辉煌成就记录下来，传承下去，是一件光前裕后、意义非凡的事情。编纂《江苏名村·引江社区志》为引江社区人民留存了宝贵的历史记忆，总结了前进和奋斗的经验，为后人决策提供了资鉴。同时，通过这部《江苏名村·引江社区志》，更可以凝聚和激发引江社区人民团结一致、奋力争先、建设家乡、发展家乡的情怀，对走出家乡、远离故土的人们认识家乡、了解家乡也是一份特别珍贵的礼物。

引江社区党总支委员会、居民委员会

2024年10月

江苏名镇名村志编纂委员会

《江苏名村·引江社区志》编纂委员会

主　　任　张竹山

副 主 任　栾庆兵　贾　香

委　　员　韩高林　曹　美　张　磊　翁志文　王　杰

《江苏名村·引江社区志》编辑部

主　　　编　张和平

副　主　编　朱长顺　韩裕善

执 行 主 编　陈山杉

执行副主编　翁明才　严梅林

特 聘 顾 问　戚正欣　章庆生　王国民

编 务 人 员　姚恒平　翁志文　范国兵　韩高立

材料收集人员　陈来凤　陆荣喜　陈留春　杨云飞　严升柏　范国庆　薛恒山

图 片 编 辑　陈山杉　翁志文

终 审 单 位　泰州市党史方志办公室

终 审 人 员　顾　伟　王　卉　查云富

验 收 单 位　江苏名镇名村志编纂委员会办公室

验 收 人 员　杜仁彬　翁红霞　焦寨军

批准出版单位　江苏名镇名村志编纂委员会

凡例

一、以马克思列宁主义、毛泽东思想、邓小平理论、“三个代表”重要思想、科学发展观、习近平新时代中国特色社会主义思想为指导，坚持辩证唯物主义和历史唯物主义，存真求实，客观记述镇村发展的历史与现状，发挥名镇名村志记录历史、传承文化、服务乡村振兴、激发爱国爱乡情怀的独特作用。

二、记述上限溯及事物发端，下限至2023年12月，图片延至2024年12月。记述内容详今明古，侧重反映时代特色和地方特点，体现“名”与“特”。

三、记述地域范围以现行政区域范围为主。

四、人物传略记载已故人物，人物简介记载在世人物。

五、计量单位和数字的使用，执行国家新闻出版有关规定。原则上使用法定计量单位，“亩”等仍按社会习惯沿用旧制，不作换算。

六、清及以前的纪年使用朝代年号纪年，括注公元年份，1912年1月1日起使用公元纪年。

七、数据以国家统计部门的发布为准。统计部门未提供的，以相关部门提供的数据为准。

八、“解放前(后)”，以本地解放日为界。“新中国成立前(后)”，以1949年10月1日为界。

九、正文的相关位置设有“二维码”,可扫码进行拓展阅读。

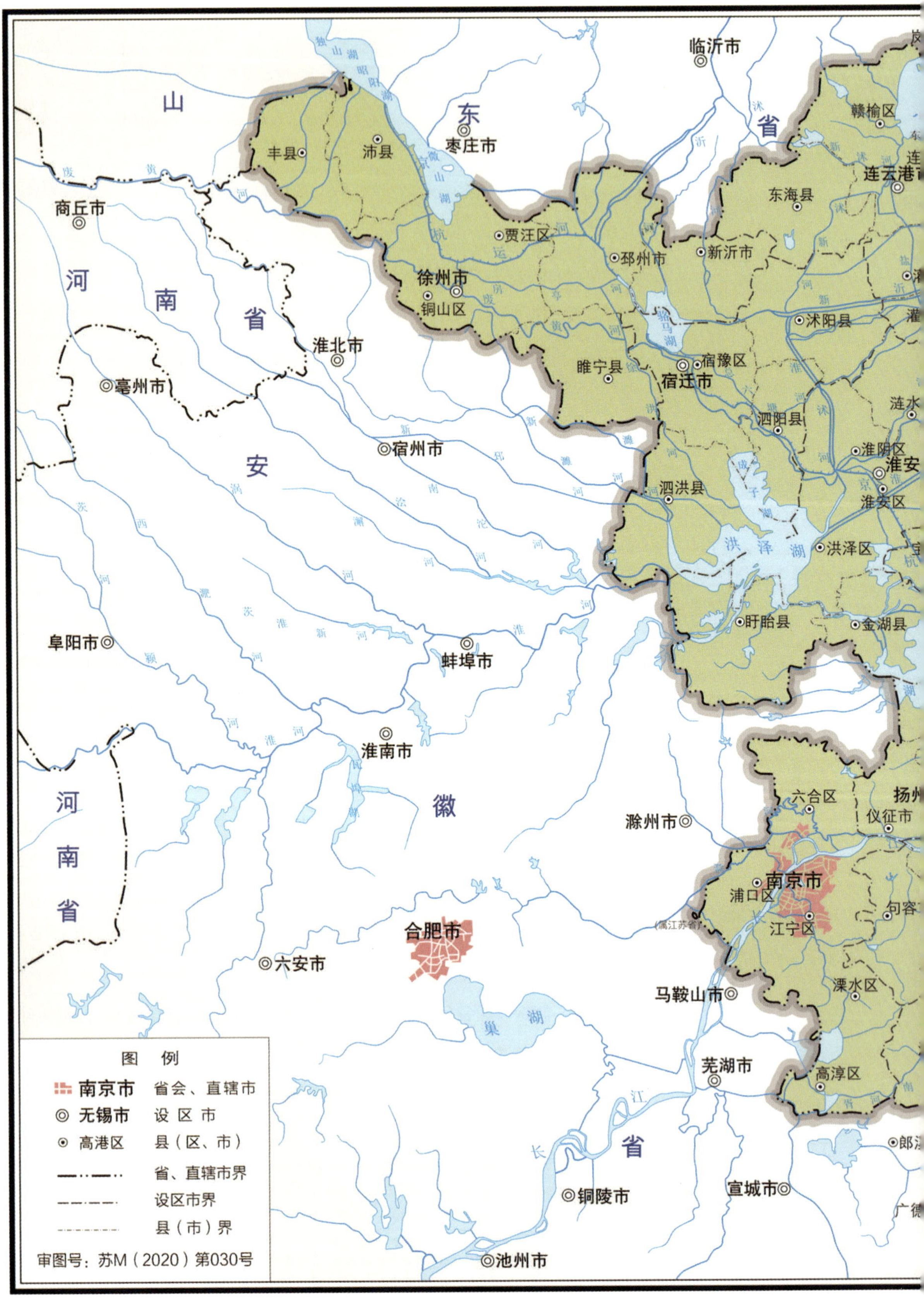

山
东
省
临沂市
赣榆区
连云港
丰县
沛县
枣庄市
东海县
商丘市
贾汪区
邳州市
新沂市
徐州市
铜山区
河
南
省
淮北市
沭阳县
骆马湖
宿豫区
睢宁县
宿迁市
亳州市
泗阳县
宿州市
安
淮阴区
淮安
泗洪县
淮安区
洪泽湖
洪泽区
盱眙县
金湖县
阜阳市
蚌埠市
淮南市
河
南
省
徽
滁州市
六合区
仪征市
南京市
浦口区
江宁区
（属江苏省）
合肥市
六安市
马鞍山市
溧水区
巢湖
芜湖市
高淳区
长江
省
铜陵市
宣城市
池州市
废黄河
京杭运河
微山湖
昭阳湖
独山湖
新沂河
新濉河
浍河
沱河
西淝河
茨淮新河
颍河
淮河
图例
南京市 省会、直辖市
无锡市 设区市
高港区 县（区、市）
省、直辖市界
设区市界
县（市）界
审图号：苏M（2020）第030号

引江社区在江苏省的位置图

引江社区地图

居委会　　道路
泵站　　河流
重要设施　　村界
自然村庄

比例尺　1 : 13000

审图号：苏M(2021)第023号

图上界线不作实地划界依据

江苏诚泰测绘科技有限公司　编制

目　录

引一江春水　催开“致富花”

引江梦　共前行

引江社区全貌（2024年摄）

引江社区由原天如、宁都两个行政村合并而成，因国家重点水利工程泰州引江河穿村而过而得名，是泰州医药高新区（高港区）口岸街道的西大门。社区东与沿江街道相邻，南距国家一类深水港“泰州港”仅3千米，西与扬州市江都区接壤，北邻刁铺街道，引江河、南官河、345国道、长江大道纵横交错于此，水陆交通便利，自然环境、地理位置非常优越。2023年底，社区共有21个居民小组，户籍户数641户，户籍人口2481人（其中中共党员101人），常住人口1340人，辖区面积2.78平方千米，耕地面积1341.54亩。社区集体经营性收入579.94万元。

社区先后荣获全国民主法治示范社区、全国模范人民调解委员会、江苏省特色田园乡村、江苏省文明社区、江苏省美丽乡村、江苏省社会主义新农村建设示范村、泰州市“十强村”等荣誉称号。

产业兴旺富民生

新时代，引江社区始终紧扣“乡村振兴”总体要求，结合城乡“资源变资产、资金变股金、居民变股民”改革要求，重点解决特色田园乡村建设用地难等问题，因地制宜谋发展、奋力担当求创新，深化“村企共建”，合力

田园风光（2024年摄）

开展乡村农业休闲旅游提质升级行动，力促农业增效、农民增收、旅游增色。累计投入5000余万元用于提升基础设施，打造宜居环境；投入8000余万元用于发展特色产业，打造乡村旅游田园综合体。

引江社区利用毗邻长江、泰州引江河穿境而过的区位优势，通过清水通道进行特色水产生态养殖，围绕渔文化、餐饮文化，培育壮大乡村现代服务业等新产业新业态，打造“引长江水，品引江鱼”的特色品牌。同步实施畅流活水工程，贯通村庄河道，购买画舫、木船，通过景观设计、历史文化展示，打造水上游船旅游品牌，扮靓引江“渔村”风景线。

社区积极实施农村“三变”（资源变资产、资金变股金、农民变股东）改革及民房综合改造，积极盘活闲置房屋资源，投入2800余万元，对三圩西整组房屋进行集中改造、装修，打造集餐饮、娱乐、休闲为一体的民俗特色产业商业街，使游客愿意来、留得住、购得欢、体验好，让房屋资源活起来、居民腰包鼓起来、集体经济壮起来。

乡村振兴，就是要让土生金。引江社区充分利用现有葡萄园、草莓园等，积极打造集休闲、观光于一体的农旅产业园，通过电子商务平台构建休闲农业+电商模块，带动特色果蔬产业“接二连三”。壮大明涛草莓园、七彩葡萄园，以农业采摘体验发展乡村生态旅游。建设引江社区农副产品展销中心，打造电子商务平台，通过电商助农直播带动当地名优特色农副产品销售，以彰显特色农业文化内涵、推广健康生活为理念，秉承“地方特色、营养健康、绿色生态”服务宗旨，全力打造土特产商品集散平台，进一步激发乡村发展活力。

引江社区还利用祖坟整治等契机，累计腾出土地约40亩，投入约2400万元建设“相聚缘”儿童欢乐园，为孩童提供一方游乐天地的同时，打造青少年户外劳动教育研学基地，成为青少年学生崇尚道德、接受教育的新天地，推动农、文、旅融合发展，变“社区”为“景区”。2022年“五一”开园以后已新增就业80余人，集体经济增收600余万元。

2009年，引江社区投入10多万元，铺设管道，为群众引来自来水。2013年，全村道路全面实现硬质化，LED路灯安装到位，村民出行更便捷、更通畅。社区又积极争取，投资300多万元，建成高港区首个社区公交首末站，让公交车直接开到群众家门口。社区每年出资百万余元为民纾困、发放福利，推出了惠民公交卡、惠民理发卡、高考奖励、春节民生大礼包、股份合作社分红等系列惠民举措，切实增强村民幸福感、获得感。安民、利民、惠民，让引江社区的发展道路越走越兴旺。从远近闻名的贫穷村到如今的富裕村，引江社区居民曾经的一副副愁容都变成了一张张笑脸。

宜居乡村展新颜

早在元末明初，境域内即有村落出现。这里曾是长江的一部分，后来经过长江改道，南坍北涨，南涨北坍，多次反复，逐渐成为江滩、沙洲。历史上，江淮、苏州等地不少居民为避战乱或灾荒，纷纷到此筑圩垦荒定居，使得这里逐渐形成沿江圩田风貌。大约在清代，现在的村庄（圩势）格局形成。数百年来，人们通过勤劳的双手和聪明才智，把江边滩地逐渐开辟成桑田绿洲，打造成丰

社区美景（2023年摄）

衣足食的鱼米之乡。

“绿水青山就是金山银山”。引江社区充分利用地缘优势，积极主动作为，狠抓农村人居环境整治重点工程，科学规划、多措并举，常态化开展人居环境管护、村容村貌整治工作，精心打造“十五分钟精品圈”，把美丽串成线、联成片，人居环境整治得到不断巩固，居民环境保护意识不断提升。

社区通过清淤、疏浚等方式，对原宁都片区进行生态驳岸打造，整治村庄水体10条，真正实现“河畅、水清、岸绿、景美”。新建（改扩建）农村公共厕所2座，拆除无修缮价值房屋15座，对居民住宅墙面进行乡村特色彩绘统一刷新，渲染村庄文化氛围。落实长效管护机制，坚持“三分建设、七分管理”，完善常态化保洁，做到设施运行常态化、配套管理长效化。

社区积极开展垃圾分类工作，每户配小桶、每组配大桶，组织集中培训、安排专人指导，进行垃圾分类投放，垃圾回收车每日运转、定时清运。创新打造高港区首家垃圾兑换超市，通过以废换宝，促进居民的垃圾分类意识日益提高，垃圾存量明显减少，环境整治成本显著降低，村庄环境得到明显改善。

社区还投入300余万元，实施村庄雨污分流工程，建设污水处理站7处、铺设污水管网18千米，对规划区内村庄进行雨污分流处理，合理布局居民房屋，将卫生间、厨房、庭院污水统一接入污水管网，通过污水处理站处理后的污水达到地表水Ⅲ类排放标准，有效保护了生态环境。

以文化人树新风

乡村美，看“颜值”更看“气质”。引江社区将精神文明建设贯穿农村人居环境建设全过程，坚持“富口袋”与“富脑袋”并重，持续提升村民文明素质。为革除陋习、移风易俗，社区充分利用泰州市散坟整治活动契机，对全社区2000多处散坟统一迁移至位于社区北部的高港区思源公墓。原老圩东、老圩西、甲圩组3个居民小组散坟迁移后，社区利用节约下来的土地资源，绿化美化河道，完善乡村旅游基础设施，有效提高了建设用地利用率。黄家大窅原是引江社区与扬州市江都区杨桥村交界排灌河道，引江河开发后，江都区新建一条排灌河道，黄家大窅失去了排灌功能。引江社区挖掘废弃河道利用价值，围绕长江渔文化，投入1300余万元打造河长制水景长廊、百姓大舞台，通过景观设计、历史文化展示、发展水上游乐体验等方式，展示水乡之美、渔村之美，不断满足老百姓日益增长的精神文化需求。社区积极发挥群众在乡村治理工作中的主体作用，通过发放宣传册、入户走访、座谈交流等方式，加大乡村治理工作宣传力度。积极探索“村民事村民议、村民事村民定、村民事村民办”的村庄自治模式，将村庄规划、农民建房、公共环境卫生等纳入村规民约，采取以工代赈、以奖代补等方式，引导动员居民以主人翁的姿态参与社区整治工作。

好家风是持续发展的精神支柱。引江社区注重以人为本塑文化，致力打造文明淳朴新家园。广泛征集好家风、好家训故事，推动家规家训“挂厅堂、驻心堂”。新建好人文化园，定期公布“美德善行榜”，让群众参与、群众评议、群众监督，让淳朴文明新风吹遍秀美乡村，群众在活动中潜移默化地受到教育。

引江社区将认真贯彻党的二十大报告关于“全面推进乡村振兴”的战略部署，聚焦“大健康”主题，紧扣“健康游”主线，融合“宜业、宜居、宜游、宜养、宜学”多元功能，致力形成绿色健康的循环产业，积极打造精致高新示范村居，努力为乡村振兴战略蓝图添砖加瓦！

引江社区风光（2024年摄）

引江概览

引江社区是泰州医药高新区（高港区）口岸街道西大门，东南及西南与泰州医药高新区（高港区）沿江街道故土社区以赵泰支港为界，西北与扬州市江都区大桥镇杨桥村毗邻，东北与泰州医药高新区（高港区）刁铺街道的赵庄、蔷薇沟、陈吉村等地相邻。整个社区呈西北东南向倒梯形，南距长江北岸3千米，泰州引江河、泰州长江大道纵穿境域内南北，江平公路（俗称通扬公路）、宁通高速公路横贯境域内东西。从引江社区出发，10分钟可进入京沪高速公路，25分钟可至泰州长江公路大桥，45分钟可至扬州泰州国际机场。地理位置优越，水陆交通便利。2023年，全社区共有农民合作社、家庭农场5个，工业企业2个，三产服务业企业8个，实现生产总值1.3亿元，居民人均可支配收入45800元。

魅力新引江

历史沿革

建置区划

境域内古代隶属柴墟镇（今口岸街道）管辖。历史上，这里因长江主泓道摆动北涨南坍、南涨北坍，为柴墟镇沿江沙洲地带。南唐烈祖昇元元年（937），置泰兴县，县治设于济州镇。宋乾德二年（964），济川镇大面积崩坍入江，一直波及其北部柴墟镇的北箍江，即今引江社区丰盛桥、洗觉桥沿线一带。由于济川镇坍江，县治迁至柴墟镇。明弘治十四年（1501），柴墟镇易名口岸镇，境域内属口岸镇管辖。清雍正十三年（1735），泰兴县分为四辖，其中设有口辖，境域内属口辖管辖。清光绪年间（1875—1908），济川河（今南官河）西沿江有泰界洲、太和洲、连万洲、伏原洲、故土洲（分为故土上匡、故土下匡）

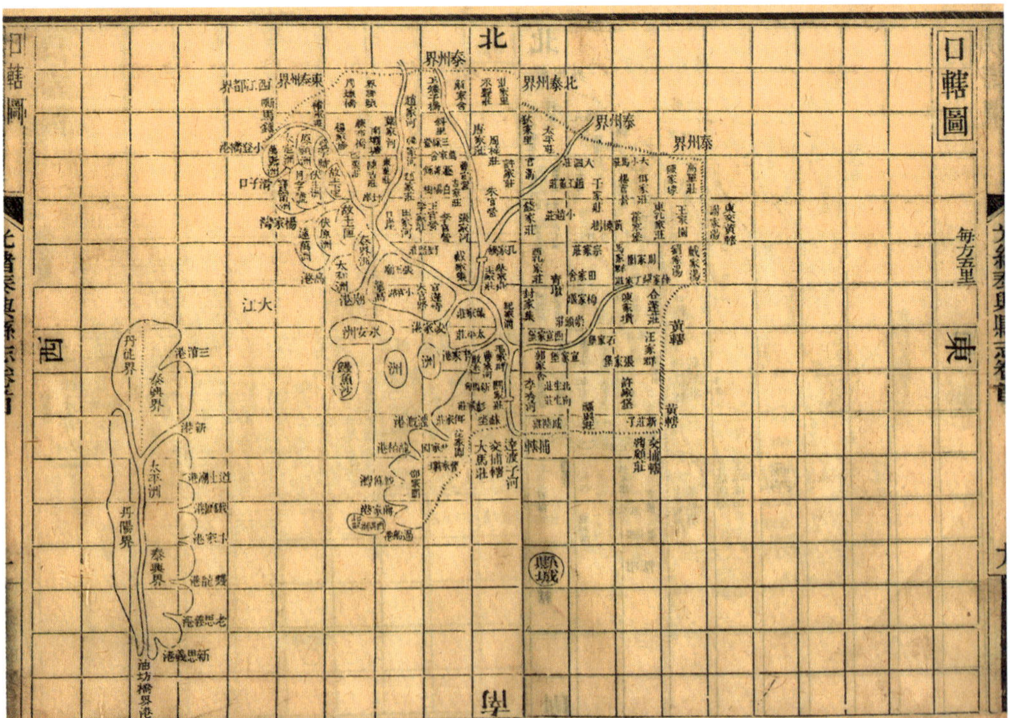

清光绪《泰兴县志》口辖图——引江社区境域内位于故土下匡

等13个沙洲，境域内属故土洲的故土下匡。

1912年，改为市、乡自治建制，境域内属泰兴县口岸乡。1934年，推行保甲制，境域内为第七区故土乡的五保、六保、七保、八保，下设甲。1940年8月，泰兴县抗日民主政府成立，境域内属口岸区故土乡五村、六村、七村、八村。1943年，境域内划归江都县管辖，属杨桥区故土乡。

1949年冬，境域内重归泰兴县口岸区管辖。1949年10月，口岸故土乡五村辖廿一圩、十六圩、十一圩；六村辖四圩、二圩、管小圩、沙小圩；七村辖十五圩、黄十圩；八村辖低三圩、翁老圩、甲圩（九甲圩、小甲圩）。1950年1月，境域内为泰兴县口岸区故土乡的五村、六村、七村、八村。1951年6月，口岸区改称临江区，故土乡属临江区管辖。

1952年9月，口岸、龙窝、高港三地划属泰州市管辖；临江区改名为刁铺区。故土乡的五村、六村、七村、八村属刁铺区管辖。1953年11月，口岸、龙窝、高港三处划回泰兴县管辖。增设口岸区，境域内为口岸区故土乡的五村、六村、七村、八村。1954年10月，撤销口岸区，所属口岸、龙窝两镇合并为口岸镇，改为县直属镇。故土乡划归刁铺区管辖。1957年9月，为刁铺乡天如联社，设天如、宁都两个分支。1958年10月，全县实行人民公社化，境域内隶属口岸人民公社故土大队，大队以下设营、连、排农业管理体制。境域内设有天如营、宁都营，下设4个连，连以下设排。1963年5月，境域内成立口岸区天如人民公社，下设天如、宁都两个分支部。1969年11月，天如人民公社撤销，设口岸人民公社天如、宁都两个大队。1983年7月，实行“政社分开”行政体制改革，境域内有天如、宁都2个村，共21个村民小组。1997年4月，天如村、宁都村随口岸镇划属泰州市海陵区管辖。8月，随口岸镇划属新成立的泰州市高港区管辖。

2001年4月，天如村和宁都村合并为引江村。下设21个村民小组，分别为老圩东、老圩西、三圩东、三圩西、十圩东、十圩西、丰一、丰二、丰三、丰四、甲圩、小圩、二圩东、二圩西、四圩东、四圩西、十一圩东、十一圩中、十一圩西、双一、双二。2006年1月，撤销口岸镇，成立口岸街道，引江村属其管辖。2010年9月，撤销引江村，建立引江社区，仍设21个居民小组。2021年6月，泰州医药高新区与高港区实现融合发展，引江社区境域属泰州医药高新区（高港区）口岸街道。

名称由来

引江社区的自然村庄均以“某某圩”冠名，其中天如片区由南向北有沙小圩、管小圩、二圩、四圩、十一圩、十六圩、廿一圩（二十一圩）；宁都片区由南向北有甲圩、老圩（母一圩）、三圩（低三圩）、十圩（黄家十圩）、十五圩。这里历史上是长江北岸江边沙洲地带，北方或江南逃荒避祸的移民迁徙到此，在沙洲上划框耕种。他们围堤筑坝，围田种粮，在堤坝高处筑室定居，形成很多“圩”。

圩名有的以入驻较早某姓而得名，有的是政府为方便管理冠以编号而得名，有的因地势地貌而得名，有的因住户规模而得名。如“翁老圩”，因翁姓居多且成圩较早，故名“翁老圩”；“沙小圩”“管小圩”因住户较少，故名“小圩”；“二圩”“三圩”“十一圩”“十六圩”“廿一圩”等因政府方便管理冠以编号而得名；“低三圩”因圩势较低且编号为“三”而得名；“韩家四圩”因编号为“四”且韩姓住户居多而得名。

历史上夏秋之际受暴雨等极端天气影响，加之江水暴涨，常发生洪涝灾害。自1957年起，境域内分为天如、宁都2个片区。命名“天如”，取“老天如意，风调雨顺”之意。“宁都”原名“临都”，意为“临近江都”，后将“临”改为“宁”，取希望太平、祈求安宁的美好寓意。

1996年泰州引江河开挖，将全境域一分为二，宁都和天如2个片区的分界更为明显。2001年，口岸镇实行行政村合并，将天如村和宁都村合并为一个村，因天如村和宁都村分别位于泰州引江河两侧，合并后的村就以“引江村”命名。2010年，口岸街道撤村建居，引江村遂更名为引江社区。

引江社区自然环境（2024年摄）

自然环境

地貌

引江社区位于宁通构造带的泰州低凸区与口岸凹陷之间，属于苏北坳陷区与苏南降起区的交接地带，地表层属于长江下游冲积平原，经历过涨而崩坍、坍后复涨的演化过程，地面高程为2.4—3.2米。

引江社区地处苏北一南黄海的陆上部分，属长江三角洲冲积平原，系江边滩地成陆，为新生代陆相沉积盆地，其基底是碳酸盐为主的新生代地层，中上部为褐灰、灰黑、暗棕色泥岩，粉沙质泥岩。地表层为冲积地层，以北箍江为界，北箍江以南为沿江黏土，以北为高沙土，是典型的沿江圩田地区。

社区春色（2023年摄）

泰州引江河

水系

引江社区因地处长江边，历史上河沟众多。在泰州引江河开挖前，原天如村、宁都村之间的最南端有一片30多亩的开阔水面，史称黄家大窅，泰州引江河开挖时被整体填平，现为引江社区居委会所在地。新中国成立后，经过数十年的村庄庄台整治和农田水利建设，逐步形成现在的11个居民相对集中居住圩区，分为21个居民小组。集中居住圩区大都为东西走向，每个集中居住圩区前后均有河沟，这些河沟和集中居住圩区一致，也多为东西走向，共有18条，每条河沟长约500米，宽10米到20米不等，每条河沟有若干土坝连接宅基地，河沟间有涵洞相连。位于引江社区最北端的是一条较大的东西走向的河道，名为北箍江。境域内南北走向的河道有3条，由东至西分别为赵泰支港、泰州引江河、杨湾港。东西走向的18条河沟均与南北走向的3条河道相通。

北箍江　位于引江社区最北端丰一组、丰二组、丰三组、丰四组的北边，东西走向，东起南官河，西通扬州市江都区嘶马镇红旗河，全长约10千米，在境域内长约2千米，宽20米。

赵泰支港　位于引江社区最东端，是引江社区与泰州医药高新区（高港区）沿江街道原故土社区的界河，全长约8千米，在境域内长约2千米，宽15米，底宽10米，底高3米。

泰州引江河　位于引江社区中部，南北走向，将引江社区中分为东西两个片区，东片区为天如自然村，西片区为宁都自然村。泰州引江河曾在1958年试开挖，由于资金等因素，未继续开挖。1996年，重新启动国家南水北调东线水源工程之一——泰州引江河工程，于1999年建成，通水通航，属于三级航道。泰州引江河北起泰州新通扬运河，南经泰州港高港港区杨湾作业区西侧入长江，在引江社区境域内长约2千米，宽约200米，底宽80米。开挖泰州引江河征用境域内丰一组、丰二组、十圩东组、三圩东组、老圩东组、二圩西组、小圩组、四圩西组共709亩土地，拆迁居民204户、房屋570间，移植银杏树330株。

杨湾港　位于引江社区最西侧，与扬州市江都区嘶马镇宁泰社区、杨桥社区交界，全长约5千米，境域内长2千米，宽15米，底宽10米，底高3米。

气候

引江社区地处北亚热带海洋性季风气候区，兼受西风带和副热带天气的影响。总的气候特征是：寒暑变化明显，冬夏长，春秋短，四季分明，雨量充沛，日光充足，霜期不长，冬雪少，有利于发展农副业生产，但一年四季中，间有灾害性天气发生，影响农副业生产效能的正常发挥。

春季　3—5月为春季。季内主要是过程性天气，晴雨相间。季平均雨量约250毫米，占全年总雨量的24%。温度回升快，月际升温约6度，气温日差较大，平均为9度，多东风和东南风。但年际间也有差别。1968—2023年，出现倒春寒8年，暖春11年。3月多闻春雷。

夏季　6—8月为夏季。盛行东南季风。初夏时，太平洋高压由南北进，与来自北方的冷空气交汇于长江流域，地面上出现准静止锋，从此进入梅雨天气，梅雨期平均约21天，常年始于6月18日，止于7月9日。梅雨期内阴雨连绵，时有雷暴雨、暴雨或冰雹等灾害天气出现。历年夏季平均总雨量约460毫米，占全年总雨量的45%，而梅雨量平均约220毫米，对夏季雨量大小起主导作用。梅雨结束后，常受副热带高压控制，多高温、高湿天气，极高气温达38.8℃，出现在1966年8月7日。气温日差较小，平均7.7℃，热感不分昼夜。7—8月，副热带高压北进后，常受台风影响，形成大风暴雨。

秋季　9—11月为秋季。北方冷空气开始南侵，偏北风日渐增多，雨量减少，气温逐渐下降。月际降温约6度。出现天高气爽的宜人气候。初秋也会有高温出现，俗称“秋老虎”。1964年9月4日，曾出现37℃的高温。秋季雨量平均为223毫米，占全年雨量的

十圩西组村庄河道（2024年摄）

22%。9月雷雨尚多，10月少见，可见初霜。秋天的灾害天气少，间有热带风暴影响，带来大风暴雨。

冬季　12月至翌年2月为冬季。西伯利亚冷空气频繁南下，盛行西北风。空气干燥，降水很少，季平均雨量98.5毫米，占全年雨量的10%。季平均气温3.2℃，最冷月份为1月，平均气温2℃，极端最低气温零下12.5℃，出现在1977年1月31日。冬季也有冷冬、暖冬之分。常年最冷月为1月，平均气温2℃，常年最热月份为7月，平均气温27.6℃。

自然资源

引江社区是由江边滩地形成，距长江直线距离3千米左右，属于江滩平原，高低落差不大，水资源丰富，全年气候湿润，适宜亚热带多种植物生长。

土地　引江社区土地面积3298亩，其中有耕地1341.54亩。2006年起，北箍江以北的高沙田用于思源公墓建设。2012年，高沙田地带又新建高港烈士陵园。

水　引江社区水域面积约875亩。在未有自来水前，河水用于居民的生产、生活；居民使用自来水后，河水主要用于农田灌溉。20世纪八九十年代，由于化肥农药的普及使用，河流水质一度变差。近几年，经过治理、清淤，河道水质清澈，大多放养鱼虾，且有螺、蚬、蟹等多种淡水河鲜。2014年以后，社区根据环保部门的要求，先后对社区圩前的多条河流进行综合治理，河水逐渐变清澈。

植物　引江社区的植物有藻类、菌类、苔藓类、蕨类、裸子和种子植物共六大类300余种，其中种子植物最多，主要有银杏、樟树、芦苇、野灯心草、麦冬、黄杨、篾竹等，其中有药用价值的近百种。20世纪80年代前，曾以篾竹最为有名，几乎每个自然村都有。20世纪80年代，由于受周边环境影响，篾竹渐渐死去。受经济价值影响，境域内栽种银杏树较多。进入21世纪，随环境整治力度加大，村前屋后又开始重新栽种篾竹，出现不少成片竹林。

动物　引江社区的动物有环节、软体、节肢、脊椎动物四大类150余种，其中以脊椎动物为主，脊椎动物中又以鱼类、鸟类、爬行类为主，常见鱼类有100多种，如青鱼、草鱼、鲢鱼、鳙鱼、鲫鱼、鳊鱼等，常见鸟类有60多种，如斑鸠、杜鹃鸟、喜鹊、麻雀等，常见爬行类有30多种，如乌龟、甲鱼、壁虎、蛇等。

人口

人口状况

20世纪70年代后，境域内认真贯彻国家计划生育政策，提倡一对夫妇只生育一个孩子，如果双方均为独生子女者，可生育二胎，因此人口增长缓慢，出生率略高于死亡率。进入21世纪，国家调整计划生育政策。2011年11月，全面实施双独二孩政策。2015年10月，全面放开二孩政策。此后，引江社区的人口出生率有所上升。2023年底，引江社区户籍人口2481人。

人口构成

年龄　2023年底，引江社区有65周岁以上老人571人，其中90周岁以上21人。

性别　2023年底，引江社区户籍人口中，有男性1220人、女性1261人。

民族　2023年底，引江社区居民以汉族为主，另有侗族、回族、土家族各1人，均为婚进。

姓氏　2023年底，引江社区共有姓氏30多个。其中以陈姓最多，272人，分布在老圩（翁老圩）、三圩、十五圩、十六圩、十圩。其次为张姓，177人，分布在黄家十圩、甲圩、三圩。第三为孙姓，164人，多住在三圩、四圩、十圩。第四为韩姓，128人，多住在四圩、三圩、十五圩。范姓118人，集中居住在十五圩丰二组、丰三组，十圩也有2户。黄姓97人，多住黄家十圩、三圩。丁姓95人，集中居住在丰四组，丰一组也有2户。顾姓67人，集中居住在十一圩。翁姓34人，集中居住在翁老圩、甲圩。沙姓24人，原住于沙小圩，因开挖泰州引江河迁住管小圩。管姓8人，集中居住在管小圩。

表 1

2023 年引江社区 90 周岁以上老人一览表

姓　名	性别	出生年月	所在组别
高兰英	女	1926.04	十一圩中组
陈少云	女	1927.11	老圩西组
万月桂	女	1928.06	老圩东组
严长凤	女	1928.12	四圩东组
陈秀兰	女	1929.09	四圩东组
沈长根	男	1930.08	老圩西组
朱秀红	女	1930.10	丰二组
石秀兰	女	1930.10	十一圩中组
严桂芳	女	1931.04	二圩西组
吴秀兰	女	1931.05	十一圩西组
张秀兰	女	1931.07	十圩西组
陈安余	男	1931.10	丰三组
孙玉兰	女	1932.01	四圩东组
吉桂华	女	1932.10	双一组
薛美华	女	1933.04	十一圩东组
韩美凤	女	1933.08	二圩西组
王素珍	女	1933.11	四圩东组
丁齐朋	男	1933.12	丰四组
陈秀萍	女	1934.01	三圩西组
薛恒广	男	1934.01	十圩西组
韩根元	男	1934.07	四圩东组

经济发展

20世纪80年代之前，境域内主要以农业生产为主，农民兼营养殖业、竹制品编织业等副业，工业企业有宁都大队办泰兴县口岸刀剪厂，农业和工业年生产总值100万元左右。改革开放后，随着农业生产的科学化和规模化，粮食单位面积产量大幅提高，农业生产总值逐年增加。高港区成立后，境域内经济快速发展，经济业态增多。2014—2015年，引江社区流转土地1275亩，供种植大户规模化种植水稻、小麦。2023年，社区实现生产总值1.3亿元。集体经营性收入579.94万元。

农业

种植业　境域内地形北高南低、西高

引江社区四圩东组农田（2020年摄）

2016年江苏省春耕备耕送农机送科技送服务下乡暨“3·15”活动引江社区点活动

东低，属沿江多水地带。有近90%的水田，种植麦、稻两熟。北部（主要集中在双一、双二和丰一、丰二、丰三、丰四组）有少许旱田，一般种植麦、豆（蚕豆、豌豆）、胡萝卜、山芋、花生、玉米等耐旱作物。20世纪70年代至80年代初，学习苏南，改变陈旧种植模式，践行科学种田方式，努力改良种植业，试行三熟制，即一熟麦子和两熟稻，以增加粮食总产量。但由于后季稻产量不稳定，迟熟，影响麦子播种，导致农业成本增加、生产效益比较低。后来用杂交水稻取代双季稻，形成杂交籼稻与常规粳稻并存的单季水稻生产格局。1996—1998年，泰州引江河工程穿境而过，600多亩田地被征用。进入21世纪，特别是2014年后，境域内注重采用先进的农业机械作业，提高农业生产效率。至2023年底，全社区通过流转耕地，基本实现专业化耕种，粮食种植多为麦、稻两熟，少许田埂、圩岸地种植蔬菜、豆类、山芋等。

2013年6月，泰州市高港区引江农机专业合作社注册成立。合作社借助社区土地复垦修编，通过挂钩项目，置换土地10亩，先后投资500余万元，建成含粮食仓库、粮食烘干房、农资存放间、农机库、维修间、培训室及值班室、办公室等配套设施在内的多功能物资装备库，总面积3412平方米。2023

年，合作社内存放有联合收割机、大中型拖拉机、高速插秧机、育秧播种机等农机具近100台，其中粮食烘干机8台，日烘干量100吨。合作社有社员104人，其中管理人员2人、安全员1人、农业机械专业技术人员4人、农机操作人员近20人。

畜禽养殖业　养鸡、鸭、鹅、猪、羊是境域内农户的传统家庭副业，主要在家前屋后空地散养。1985年，宁都村老圩居民自建鸡舍，至1989存栏1200羽。1998年，天如村二圩西组居民采取种植牧草养鹅模式，年存栏1800羽。2000年，引江奶牛场创办。2007年，成立专业奶牛合作社。2017年，存栏奶牛328头，实现销售收入878万元、利润145万元。2018年，因生态环境建设要求，引江奶牛场停办。至2023年底，无规模畜禽养殖业。

养蚕业　在20世纪60年代中期，境域内沿北箍江岸边少数高田地区栽桑养蚕，发展副业。1983年后，桑园锐减。至2023年，全社区只有极个别农户饲养极少的桑蚕。

水产养殖业　境域内靠近长江，水源丰富，河沟众多，适宜水生动物栖息生长。20世纪50—70年代，境域内各生产队进行大捕捞或抽干沟（塘）水捕捉水产，分配给各户过中秋节或过春节。80年代后，一些农户承包生产队河塘进行水产养殖，主要放养白鲢、花鲢、草鱼、青鱼、团头鲂、鲤鱼、鳊鱼、鲫鱼等。由于科学管理，精心饲养，单位产量大幅提高。90年代后，水产养殖业萎缩。2023年，境域内有鱼塘450亩，亩产鱼1100千克。主要水产养殖品种有青鱼、草鱼、鲢鱼、黑鱼、鳗鱼、黄鳝、鳜鱼、鲶鱼等。

果木种植　引江社区地处长江之滨，土地肥沃，气候宜人，盛产银杏、桃、梨等，枇杷、葡萄、杏、柿、沙枣也有种植，多为居民自家种植。至2023年底，社区有明涛草莓园、七彩葡萄园两个农业采摘园。

工业

20世纪60年代，境域内建成电灌站。1964年，在电灌站内建起粮食加工厂，利用电力碾米、磨面。同年，在四圩西组创办天如五金厂，靠手工车床车制铜螺丝、螺母等小五金，迁至四圩东，增产油石砂轮。1970年，境域内创办工具笔刷厂，生产钨钢钻头、锉刀、排笔。1978年，境域内创办联沪皮鞋厂。由于技术水平和产品质量跟不上时代发展，这些厂渐被淘汰。1973年，宁都大队范朝荣、陈献华创办泰兴县口岸刀剪厂，厂址在十圩东。后由于规模扩大，厂址迁至三圩东与老圩东之间偏南的高岸上，建厂房10多间。初始靠人工锻打，逐步改进为铁板冲压工艺，提高生产效率和产品质量，年产刀剪10万把，产值30万元。1984年，迁至口岸镇蔡滩村。

1987年起，天如村陆学春从上海引进

泰州市圣诞礼品厂工人加工羽毛(2024年摄)

技术人员，在该村十六圩东与廿一圩之间的空地上，征地2600多平方米，兴建厂房，创办泰兴县美术工艺品二厂，利用禽鸟羽毛、塑料泡沫、竹签等手工制作各种禽鸟类玩具，作为圣诞观赏礼品，经外贸公司销往欧洲国家。1997年，该厂更名为泰州市圣诞礼品厂，法人代表为包小平。该厂一度成为泰州地区圣诞观赏礼品制作的知名企业。至2023年，主要经营圣诞节、复活节用羽毛工艺品，产品供外贸出口，年产值500万元，利润100万元，税收30万元。

商贸服务业

超市　20世纪80年代中期，境域内四圩东赵天路旁设有小卖部。2009年，引江西路与336省道交界处开设引江惠民超市。至2023年，境域内共有小卖部5个，分别位于四圩东组、十一圩东组、二圩东组、北簖江边、高港区阳光驾校（原天如小学）旁；有超市1个（引江惠民超市），年营业额约30万元。

餐饮　1998年，在泰州市与扬州市交界处原336省道北侧出现境域内第一家饭店——引江饭店。至2023年底，境域内饭店有引江饭店、圣达饭庄、十圩东农家乐、社区办公室南首农家乐，营业额均在30万元至40万元之间。

洗浴　2001年底，引江村将原宁都村办公室两层共10间约960平方米房屋出租给村民栾庆平用于经营浴室（圣达浴室）。2023年，圣达浴室营业额70万元。

社会事业

教育

私塾　明清和民国年间，境域内私塾有三种类型：一是家塾，由富户延师在家中教授子弟，收族中或附近学童附读；二是由几户家庭条件殷实户共同延师设塾，轮番供饭，分摊学费；三是塾师自设学塾。塾师1—2人，学童10至30多人不等，入学儿童除交纳相应学费外，还要轮流供饭。其中较有名的为十一圩顾盛业所设的私塾。由于入学儿童少，资费不济，一般后续时间不长。

小学教育　1946年，境域内兴办故土乡国民小学校（初小），地址在四圩东首顾氏宗祠内，学生近百人。新中国成立后，该学校迁往十五圩小学。境域内创办太平庵初级小学（民办），学生三四十人。1950年，境域内建十五圩小学，在十五圩丰三队新砌校舍17间，生源除了境域内的，还有江都县杨桥乡的学生。设6个年级，每个年级1个班，学生总数200多人。1956年，十五圩小学搬迁至故土乡中心地域天如寺、火焰庙内，更名天如小学，在火焰庙内砌七间教室办公，食堂、宿舍西边的两亩多地作为大操场。生源主要来自宁都、天如、故土，还有20多名杨桥季家圩的学生。设6个班级，240多名学生。为照顾十五圩和黄家十圩低年级（一、二年级）学童远距离往返天如小学的困难，仍保留十五圩小学学童班。

1960年，在原天如十一圩西办民办初级小学一、二年级。后因学生人数增多，教学点分别迁到十一圩东顾盛业家和十圩西仓库。后学校停办，学生转到位于四圩的天如小学就读。1969年，对赵泰支港拓宽挖深、裁弯取直，拆除顾氏宗祠、天如寺全部、火焰庙大部，天如小学从天如寺搬迁至四圩西薛义同碾坊处，更名为“四新小学”，设6个班级，200多名学生。

1976年后，四新小学重新恢复原名天如小学。1997年，天如小学迁至二圩东首西南，江平路西侧，用开挖泰州引江河的土填高地基，新砌校舍。在新校舍建成前，一至三年级学生在邻近的故土初中教室上课，四至六年级和故土小学合并上课。1998年7月，新的天如小学建成，占地18亩，有教学楼1

栋，建筑面积700多平方米，校内有200米环形跑道，教学楼前设有假山、池沼。教学班一至六年级，单轨学制。施教区覆盖天如、宁都、故土、双复4村，江都杨桥也有部分学生到此就读。2009年7月，学校撤并至口岸中心小学，引江社区学生划入高港实验学校就读，学校改建为高港区阳光驾校。

农民业余教育　1950年起，境域内开办冬学识字班，利用冬季农闲时间的晚上或午后，组织青壮年和基层干部识字学文化。1952年，农民教育以扫盲为重心，县城办冬学教师培训班，受培人员先当学员，学会后做老师，回村组办冬学扫盲。1959—1961年三年困难时期，农民教育规模缩小。1963年，境域内恢复冬学，大队成立农民学校，各生产队成立扫盲班。1971—1983年，各级更加重视扫盲工作。县里派工作组到各人民公社检查、指导扫盲工作。1983年，天如、宁都大队经上级验收，被确认基本扫除青壮年文盲。此后，境域内农民业余教育由单一的识字教育转向文化技术教育。

文化

境域内群众向来注重节俭，尊敬师长，形成节俭文化、孝悌文化。改革开放后，特别是高港区成立以来，境域内更加重视文化建设。2014年，在引江西路沿线树立二十四孝雕塑，弘扬孝道文化。在老圩东圩前空地建起文体广场（即东方红广场），为社区开展文体活动、进行爱国主义教育以及群众健身娱乐提供专门场地。2015年8月，高港区书法家协会到引江社区开展书画进基层活动。2016年，位于境域内高港区烈士陵园内的高港区烈士纪念馆开馆，为社区居民了解高港革命斗争史、传承红色文化提供好去处。引江社区还在整个社区疏浚整治河道，植树栽草，努力打造水美文化。

引江社区经常邀请泰州市、高港区等地文化剧团到社区演出。2012年8月，高港区大江艺术团成立时，受邀在引江社区举行高港大江艺术团成立暨“文化港城行”首演仪式。2014年起，高港区老年艺术团每年两次

泰州市文化惠民演出走进引江社区（2016年摄）

引江社区居民观看文化惠民演出（2019年摄）

送文艺演出到引江社区。2015年，引江社区精心挑选《珍珠塔》《薛平贵回窑》《玉堂春》等近20部传统戏剧，邀请泰州市东进黄梅戏剧团到社区演出，演出持续近10天，吸引大批居民观看。2016年，引江社区举办奖励高考学子颁奖仪式，邀请高港区老年艺术团开展专场文艺演出。2018年4月，泰州市国际水城水乡旅游节系列活动“情系水乡　相约柴墟”开幕式在引江社区文体广场举行。2019—2023年，每年举办1次泰州市文化惠民演出活动，每年由社区自费组织2次文化演出活动，口岸街道文化站每年组织1次送电影下乡活动。

医疗卫生

20世纪五六十年代，联合诊所在故土包家巷开设。后来，诊所迁至四圩东，主要服务故土、天如、宁都的村民。20世纪60年代初期，宁都、天如合并为小公社，组建小公社诊所。村民每人每年缴纳0.36元，看病只付药费。1969年11月，天如公社解散后，分设天如、宁都两个大队，相应组建两个诊所，天如大队诊所设在四圩东严书乐家中。宁都大队诊所设在三圩东与三圩西两组交界处黄玉喜家中。村民每人年缴费0.8元，40%用于住院治疗，60%用于门诊药费，不足部分大队集体补助。村民看病不收药费，每次只收挂号费0.05元和出诊费0.1元。1985年后，宁都村卫生室设在陈留春家，后迁至村医疗室。2015年，引江社区建社区卫生服务站。2023年，社区卫生服务站有医护人员3人。

篾匠（2024年摄）

木匠（2024年摄）

居民生活

收入与消费

20世纪80年代前，境域内村民收入主要靠种田和从事副业生产获取。20世纪80年代后，随着改革开放的不断推进，境域内村民在农闲时常外出打工挣钱，有些村民进入村办企业或周边乡镇企业务工。进入21世纪，特别是2010年后，社区居民除从事农业劳动和副业生产外，收入来源增多，包括土地流转费（每年每亩600元）；外出务工、社区分红、失地农民保障等。2023年，引江社区居民人均可支配收入45800元。

2023年，引江社区的村民支出主要包括以下几个方面：生活开支、子女教育、住房、交通费、人情交往费、旅游费及其他。

社会保障

养老保险　至2023年底，引江社区参加城镇职工养老保险的617人，其中，在职正常缴费456人，享受退休待遇的161人。参加城乡居民养老保险（农保）的951人，其中，在职正常缴费435人，享受退休待遇的516人。

医疗保险　至2023年底，引江社区参加城乡居民基本医疗保险的1233人，其余人员参加职工基本医疗保险。

失地农民保障　引江社区小圩组、二圩西组、四圩西组、十一圩西组、十圩东组土地在开挖泰州引江河工程和建设沿江高等级公路时被征用。至2023年底，引江社区共有563人享受失地农民保障。

基层组织

1957年10月，刁铺乡天如联社成立，下设天如、宁都两个分支，主要负责人有陈先进、陈明珠。1958年9月，称口岸人民公社故土大队天如营、宁都营，下设4个连。天如营由天如连、双丰连组成，主要负责人为孙国安、严佳朗、马文亮；宁都营由宁都连、丰盛连组成，主要负责人为顾盛林、黄春华、陈世和。

1960年至1962年，天如营、宁都营改为天如大队、宁都大队。1963年5月至1969年11月，天如大队和宁都大队合并为天如人民公社，曹宝喜、羊淦先后任公社党总支书记，姜云龙为社长。另外设天如大队党支部、宁都大队党支部。1969年11月，撤销天如人民公社，设天如大队革命委员会、宁都大队革命委员会。后来设天如、宁都两个党支部。

1983年，天如大队党支部、宁都大队党支部改为天如村党支部、宁都村党支部。成立天如村村民委员会和宁都村村民委员会。

2001年4月，天如村和宁都村合并成立引江村，相应成立引江村党支部和村民委员会。2007年，引江村党总支成立，下设第一党支部和第二党支部。2010年，引江村党总支、村民委员会分别更名为引江社区党总支、居民委员会。2012年，“两新”联合支部成立。2020年，小支部改制，党总支下辖第一网格支部、第二网格支部、第三网格支部、“两新”支部。至2023年底，引江社区“两委”设置无变化。

表 2

1960 年至 2001 年天如村（大队）主要负责人一览表

村（大队）名	职　务	姓　名	任职时间
天如大队	党支部书记	马长之	1960 年 2 月至 1963 年 4 月
		马文亮	1963 年 5 月至 1969 年 11 月
		严佳朗	1969 年 12 月至 1978 年 6 月
		陆荣喜	1978 年 7 月至 1983 年 8 月
	大队长	严佳朗	1960 年 2 月至 1969 年 11 月
		陆荣喜	1976 年 10 月至 1978 年 6 月
		陈献才	1978 年 6 月至 1983 年 8 月
	革委会主任	严佳朗	1969 年 11 月至 1976 年 10 月
天如村	党支部书记	陆荣喜	1983 年 9 月至 1998 年 3 月
		张志学	1998 年 4 月至 1999 年 8 月
		韩记国	1999 年 9 月至 2001 年 3 月
	村委会主任	陈献才	1983 年 9 月至 2001 年 3 月

表 3

1960 年至 2001 年宁都村（大队）主要负责人一览表

村（大队）名	职　务	姓　名	任职时间
宁都大队	党支部书记	顾盛林	1960 年 2 月至 1963 年 4 月
		陈世和	1963 年 5 月至 1969 年 11 月
		黄春华	1969 年 12 月至 1983 年 8 月
	大队长	黄春华	1960 年 2 月至 1969 年 11 月
		季茂华	1976 年 10 月至 1983 年 8 月
	革委会主任	黄春华	1969 年 11 月至 1976 年 10 月

续表

村（大队）名	职　务	姓　名	任职时间
宁都村	党支部书记	季茂华	1983年9月至1992年10月
		丁圣荣	1992年11月至1995年10月
		姚恒平	1995年11月至2001年3月
	村委会主任	黄裕宽	1983年9月至1992年10月
		陈来凤	1992年11月至2001年3月

表4

2001年至2023年引江社区（村）主要负责人一览表

社区（村）名	职　务	姓　名	任职时间
引江村	党支部书记	郭学俊	2001年4月至2004年5月
		张竹山	2004年6月至2007年9月
	党总支书记	张竹山	2007年9月至2010年8月
	村委会主任	陈来凤	2001年4月至2001年11月
		姚恒平	2001年12月至2004年11月
		凡连山	2004年12月至2010年11月
引江社区	党总支书记	张竹山	2010年9月至今
	居委会主任	张竹山	2010年12月至2013年11月
		栾庆兵	2013年12月至2020年11月
		张竹山	2020年12月至今

“引江一秀”牌坊（2022年摄）

2 社区建设

引江社区临近长江，积沙成陆，水网密布，港河交错，境域内多为围垦形成的网格式田圩。新中国成立后，境域内加大投入和建设力度，农田水利设施逐步得到改善。高港区成立后，推进城乡一体化发展，境域内交通、水利、电力、文化、卫生、邮电、通信等基础设施不断完善，乡村面貌大为改观。引江社区先后创成江苏省社会主义新农村建设示范村、江苏省生态村、江苏省水美乡村、江苏省美丽乡村、江苏省特色田园乡村。

基础设施

20世纪90年代起，引江社区境域内开始加强基础设施建设。至2023年底，境域内共有国道1条、省道2条、乡道1条、主要村道5条，桥梁4座，所有通组道路均实现硬质化。水电、网络、休闲设施等日趋完善。

道路

国道　过境国道有345国道，经过引江社区境域内约2千米。

省道　穿越境域内的省道有2条，分别为336省道海（门）通（南通）都（江都）线、沿江高等级公路（长江大道）。

336省道海通都线原为217省道江（都）平（潮）线。1930年筑成土路，晴通雨阻。1935年拓宽路基。抗日战争时期路面遭破坏。1949年2月，为支援解放军渡江作战，修复路面。1958年为砂石路面。20世纪70年代，裁弯取直。1978—1980年，分段铺设沥青路面，路基宽12米，路面宽7米，公路技术等级为二级。1985年，实行道路改造，路面拓宽至9米。1987年，路面加铺5厘米厚沥青。1993—1996年，路基拓宽为25米，路面拓宽为21米，双向四车道，公路技术等级为一级。2003年，改造高港绕城段，长5.07千米，于2005年竣工通车。

沿江高等级公路高港段起点为336省道高港大桥西侧，终点为泰常路收费站北侧泰兴市与高港区交界处，全程18.82千米，引江社区境域内长约2千米，宽30米。2003年6月，按一级公路标准开工建设，双向六车道。2008年，竣工通车，全线绿化、安全设施、标志、标线同期到位，路灯、护栏、护坡等道路配套设施齐全。建沿江高等级公路征用境域内小圩组、二圩西组、四圩西组100亩土地，拆迁居民66户、房屋180间，移植银杏树330株。

乡道　336省道连接口岸街道城区与引江社区，所以乡道与省道重合，境域内全程4千米，宽15米。

村道　20世纪90年代末起，境域内开始实施道路通达工程。至2006年，先后建起南北走向的村道水泥路4条，每条长约2千米，分别是宁都路、天如路、引江西路、引江

引江西路（2024年摄）

润都桥（2024年摄）

东路。2010年，引江社区通村通组道路实现100%硬质化。2018年，总投资约998万元建设还引路，道路全长1648米，连接口岸街道引江社区和刁铺街道万庄社区，全线铺设沥青混凝土路面，路面宽度7米，同步实施路肩备土及交通安全设施，该道路的建成通车使居民出行更加安全，节约居民出行时间，解决引江社区与万庄社区之间出行难问题，是高港区“四好农村路”省级示范县创建过程中实施的55个农村公路提档升级项目之一。

2020年，将原天如片区连接刁铺赵庄的赵天路由3米宽水泥路拓宽至6米宽沥青路。2021年，宁都路由3米宽水泥路拓建至6米宽沥青路。2022年，将引江西路由原先6米宽双车道拓宽至14米宽四车道沥青路。

至2023年，境域内有沥青路面5条约10千米，分别为引江西路（四车道）、赵天路（两车道）、振兴路（两车道）、还引路（两车道）、宁都路（两车道），其中引江西路沿线西侧依次排放二十四孝雕像，每个石雕刻画的都是一则经典的孝德故事。有硬质水泥路面12条约15千米。

桥梁

境域内临近长江，港河交错，桥梁众多，清以来多为简易木桥和石桥。新中国成立后，特别是改革开放后，木桥均被拆除或改建为水泥桥，石桥大都被改建为水泥桥，个别石桥保存至今。2023年，境域内桥梁主要有高港大桥、杨家桥、洗觉桥、润都桥等。

高港大桥　高港大桥是336省道江平线上横跨泰州引江河的一座桥梁。该桥有南北两块桥体，先后两次分别由两个单位建造。1998年江平线改线时建南侧桥体，采用系

高港大桥俯瞰（2024年摄）

杆拱结构，1999年10月建成通行。北桥体系泰州引江河配套工程，1999年泰州引江河通航时完工通行。桥长248.2米，宽26.4米，跨径244米，设计荷载为公路-Ⅰ级。

杨湾桥　杨湾桥又称杨家桥，是位于杨湾港上东西向的一座桥。该桥最早为木桥，后改建为水泥桥，地处336省道，连接泰州市高港区与扬州市江都区。桥长25米，宽12米。

洗觉桥　洗觉桥又名永安桥，位于泰州引江河东侧，横跨高港区口岸街道与刁铺街道交界的北箍江。该桥原为木桥，始建于200年前，后年久破旧。清光绪二十九年（1903），乡民严存仁、顾鹤山、严礼堂、陈金邦等捐资购花岗岩石料，拆去木桥，重建石桥。石桥全长11.8米，宽1.6米。桥的西侧刻有“洗觉桥”三字，桥的东侧刻有“永安桥”三字，均为阳刻行楷字体。桥两端的挡土墙及引桥部分亦由同类花岗岩石材构建，引桥长约8米。

润都桥　跨甲圩河，2019年建成，为三拱桥，呈坡形，坡顶与坡底落差3.9米；桥长36米，宽6米，桥两侧安装石材栏杆；桥中间大圆拱水位线以上净高约4.5米，净宽6米；大圆拱两侧的小圆拱水位线以上净高约2米，净宽4米；采用整版基础构建，基础以下设高压旋喷桩加固地基。

公交

2013年，引江社区出资近100万元完善设施，引公交车进社区，将原宁都村头一片废弃的池塘填埋后，建公交首末站，新建200多平方米的站前广场，并设有公交司机休息室。经过与泰州市公交公司协商，503路公交车线路延伸至引江社区。线路涵盖口岸街道各中小学和商业圈，给社区儿童上

引江社区公交首末站（2024年摄）

学、家长接送孩子上学、社区居民出行购物带来极大便利。2023年，扬州219路公交路线延伸至引江社区，进一步方便社区居民的出行。

通信网络

通信　20世纪60年代末，大队部始有一部手摇电话机，为办公专用。80年代中期，境域内开始有家庭住宅电话，多为经济条件较好的居民或个体私营业主安装。90年代，无线通信技术开始在境域内广泛应用。1993年，无线寻呼、移动电话和传真业务开始在村里流行，同时，农村电话使用人数开始增多。1996年，天如村、宁都村被评为电话小康村，当年有362户拥有电话。2005年，随着手机的普及使用，境域内通讯发达。2023年，平均每人一至两部手机。

信息网络　2006年，引江社区开始接入互联网络。2014年，实现光纤入户。2023年，实现住户居民光纤上网全覆盖。

休闲设施

2014年，引江社区投入约40万元建成面积为1200平方米的文体广场（东方红广场）。该广场位于老圩东组原晒场，配备有篮球场、百姓大舞台、健身设施、喷泉、分格式停车场等基础设施。至2023年，社区共建有健身广场（路径）10个（含文体广场），面积2000多平方米，室内健身房1个，室外篮球场2个。

社区青年在引江文体广场篮球场打球健身（2021年摄）

住房建设

组织规划

新中国成立初，境域内农民建房就地随形，房屋多依河依路而建。新中国成立后，村民建房宅基地在当地生产队地域内安排，房屋建造位置由住户在宅基地范围内自行选定，村庄住房建设无统一规划。20世纪八九十年代，国家加大对住房建设的组织领导力度，口岸镇政府设有村建科，境域内宁都村和天如村分别建立住房建设领导小组，管理各自村庄住房建设。村庄住房建设注重统一规划，布局大体以“一”字形排列。高港区成立后，境域内住房建设由口岸街道（口岸镇）负责审批。2009年，由高港区住建局牵头，编制《高港区口岸街道办引江村村庄规划文本》，制定村域规划、村庄（居民点）建设规划等。2010年引江社区成立后，社区建立以居委会主任为组长的住房建设领导小组，负责居民建房、房屋维修等事宜。2015年起，引江社区先后启动江苏省美丽乡村和泰州市特色田园乡村创建工作，完善村庄建设规划编制，强化社区居民建房管理，整治村容村貌，清理乱搭乱建、乱贴乱画，社区住房干净整齐，外观焕然一新。

建设审批

20世纪80年代起，从村民申请建房到镇（街道）审批，流程越来越规范完善。2010年引江社区成立后，社区居民建房申请及口岸街道审批的主要流程为：申请人（户主）打建房申请报告；申请人向居民小组内居民征求签字同意；申请人向居委会提交建房申请，提交户主身份证复印件、户口簿复印件，填写申请表，递交《服从居民建房管理承诺书》；居委会对申请人建房资格进行初审后，报口岸街道业务主管部门审批，批准通过后进行公示；公示无异议后，由口岸街道业务主管部门出具批复同意，申请人按规定面积和要求进行改扩建。2023年，引江社区有居民住房595幢，平均面积180平方米。

引江社区居民住房（2022年摄）

居民小院（2021年摄）

陵园公墓

高港区烈士陵园

高港区烈士陵园

位于引江社区丰四组39号。于2014年1月开工建设，2016年4月正式对外开放。占地面积8737平方米，由陵园广场、革命烈士纪念碑、革命烈士纪念馆和烈士墓区4个部分组成。陵园广场面积4000多平方米，广场南侧有4块烈士英名墙，镌刻着540位烈士英名。革命烈士纪念碑位于陵园广场中央。革命烈士纪念馆在广场北侧，建筑面积1886.05平方米，展陈分“开创篇”“抗战篇”“解放篇”“建国篇”4个主题。

烈士陵园内建有2个合葬烈士墓，分别安葬1948年11月在口岸战斗中牺牲的6名革命烈士、1949年4月在渡江战役牺牲的40名革命烈士；69个单穴烈士墓，其中，安葬抗日战争时期牺牲的革命烈士11人，解放战争时期牺牲的革命烈士45人，抗美援朝战争中牺牲的革命烈士4人，新中国成立后为保护国家财产、抢险救灾和军事训练牺牲的革命烈士9人。

高港区思源公墓

坐落在境域内泰州引江河畔北箍江边，南临336省道，三面环水。2009年，高港区委、区政府与引江村协商，决定征用北箍江南侧的引江村丰三组、丰四组的坟地及其附近江都区的老坟地作为安置地，用于安置口岸街道城市建设用地及经济发展用地范围内需拆迁的祖坟。安置地经过统一规划和改造，于2010年投入使用，并被命名为高港区思源公墓。2013年，高港区思源公墓与引江社区公墓管理权整合，由引江社区负责统一管理。至2023年，高港区思源公墓占地约7万平方米，建成墓穴约1.2万张。

高港区烈士陵园（2016年摄）

小学生参观高港区烈士陵园（2022年摄）

环境整治

2010年起，引江社区制定《引江社区环境综合管护考核办法》《引江社区道路管理制度》《引江社区垃圾清运工作制度》《引江社区河道管护制度》等制度。通过发放宣传单、喇叭广播、LED显示屏显示、张贴标语等形式加强宣传，提高居民环卫意识。社区对21个居民小组实行“门前三包”环境卫生责任制，家家户户每日清扫庭前院后，保持家前屋后干净整洁。

社区完善全套管护制度，形成村庄环境长效管护机制，成立村庄环境长效管护队伍，每天安排管护队员对全社区的卫生、道路、河道、绿化等进行综合管护，实行划段包干，责任到人，营造舒适宜人的居住环境。2014年，社区被评为江苏省生态村。2015年，创成江苏省水美乡村。2017年，创成江苏省美丽乡村。2021年，创成江苏省生态文明建设示范社区。

绿化建设

2013年，引江社区在引江西路两侧新铺设1800米路牙，新增9米宽绿化带，分段栽种金边黄杨、灌木海桐、法青等树种10万余株。2014年，社区流转百姓自留地建设居民健身广场，场地和周边布置绿化和草坪。2016年，社区对影响美观的杂树进行修剪，保留乡土特色。2021年，结合河长制主题公园建设，对引江河西岸堆土区进行绿化改造。2023年，引江社区绿化总面积150亩。

河道整治

境域内属于圩田地区，河道纵横，数量较多。2000年前，全村河道整治工作由各村民小组自行负责。进入21世纪后，河道由村委会进行集中统一整治。2008年起，引江社

引江社区老圩东组河道（2024年摄）

泰州引江河西岸绿化带（2024年摄）

区先后创建三星级康居示范村、江苏省卫生村、江苏省水美乡村，对社区内近5000米的河道进行全面清淤疏浚，修整河道堤岸。同时，对清理的河道实现长效管护，每天安排专人对河坡边杂草杂物以及河道沟塘里的水面漂浮物进行清理，确保水体连通、水流通畅。

2017年，社区实行河长制，各河道明确社区“两委”班子成员为河长，负责抓好河道的清理保洁等工作。社区在整治河道的同时，对河岸、堤坡进行平整拓宽，既方便群众种植，又治理水土流失，做到岸边整洁，无生活、建筑垃圾。2021年，引江社区党总支书记为河长制工作第一责任人。同年，开展“幸福河湖”创建工作，通过省、市验收。2021—2023年，结合乡村旅游项目建设，加强河道整治与管理，村庄水环境不断改善。

垃圾处理

2011年起，为改善群众生活环境，引江社区新建封闭式垃圾房26座，成立由8人组成的环境长效管护队，按时清理垃圾，垃圾集中处理率达到100%。社区制定《引江社区垃圾清运工作制度》《引江社区环境卫生村规民约》等，通过宣传教育，引导居民爱护环境，不乱丢垃圾，长效管护制度到位率100%。2017年，引江社区在口岸街道首推垃圾分类工作，给居民配备一灰一绿两个垃圾桶，绿色垃圾桶用于存放易腐垃圾，灰色垃圾桶用于存放其他垃圾，全社区共投放670个垃圾桶。为方便管理，确保责任落实到户，社区对每个垃圾桶进行编号。至2023年，社区坚持党建引领，通过开设垃圾兑换超市、推行“二配一改”（户配小桶、组配大桶，改造垃圾回收车）、开展积分评比等举措，实现垃圾分类与洁净生活的深度融合，打造绿色生活新家园。

居民到垃圾分类服务综合体进行资源利用兑换（2019年摄）

小学生学习垃圾分类知识（2019年摄）

宁都自然村污水处理设施（2015年摄）

污水处理

2014年起，引江社区先后在宁都片区、天如片区建设污水处理设施。至2023年，共铺设污水管网18千米，有集中式污水处理设施7个，其中，宁都片区6个、天如片区1个。

改水

20世纪90年代前，境域内多数村民直接饮用河水或者池塘水，少数村民饮用井水。各家各户通常备一只水缸盛水，水经适量明矾净化后用于煮食。1996年，口岸镇故土村在南官河西侧利用该村土地近1400平方米，建村自来水厂，建筑面积200平方米，引江村泰州引江河以东各组村民通过该自来水厂喝上自来水。

2001年，引江村自行投资40万元建村自来水厂，位于口岸镇西北角、泰州引江河西侧，占地面积1000平方米，建筑面积150平方米，为引江村泰州引江河以西9个村民小组提供饮用水。2008年7月，高港区铺设送水管道至泰州引江河西，由高港自来水有限公司实行区域供水，故土村、引江村的村办自来水厂停办。至此，境域内引江村泰州引江河东、河西村民全部用上“长江水”。

改厕

20世纪80年代末，境域内开始改厕。1996年起，将露天粪坑逐步改为三格式化粪池。2013年，全社区678户全部实施卫生改厕，取缔所有露天粪坑，改厕率达100%。

3 社区治理

2010年引江社区成立后，特别是进入新时代，社区“两委”围绕建设“风尚良好、环境优美、居住安宁、服务便捷、文体活跃”的现代新型社区目标，开展社区治理工作。至2023年，先后获得全国民主法治示范社区、全国模范人民调解委员会、江苏省文明社区等荣誉称号。

社区治理

社会主义核心价值观宣传栏（2020年摄）

社区服务

党群服务中心

2015年起，引江社区先后投入200余万元，建成面积520平方米的社会管理服务平台。2018年，引江社区整合原有的社会管理服务平台资源，将其打造成党群服务中心，构建融政法维稳、便民服务等职能于一体的综合管理服务平台，具备科教文体、计生卫生、党建群团、民政残联、综治民调、劳动保障、村建国土、农科农技等基层社会管理职能，为社区居民提供“一站式”服务。居民有创业就业需求的，有邻里纠纷需要调解的，均可打电话至平台或直接到平台，工作人员立即帮助办理解决，居民不出社区即可办理社会事务。2023年，推进党群服务中心“规范+提升”建设，服务窗口实行专人专岗，实行限时服务、首问责任制，为居民提供一站式便捷服务。

网格化服务

2015年，高港区进行村（居）综合体制改革，引江社区全面推行网格化管理服务机制，将社区划分为4个一级网格、21个二级网格，配备4名网格长、21名网格员。从严把关网格长、网格员配备，通过公开选聘、签订聘用协议、组织业务培训、定期考评，增强网格长、网格员的工作责任心，提升其业务能力。网格长和网格员的主要工作职责有宣传教育、信息采集、民意反馈、便民服务、治安防范、矛盾调处等。社区结合“两代表一委员”（党代表、人大代表、政协委员）工作日、工作室制度，将代表、委员信息在社区宣传栏公示，方便群众联系，畅通民意征集渠道。利用综治信息系统平台和综治E通手机客户端，随时随地采集网格内人、地、物、事、组织等基础信息，及时了解和掌握网格内发生的矛盾纠纷，第一时间调处化解矛盾纠纷，引导群众以理性合法方式表达诉求、维护权益。2022年，调整优化社区网格治理，划分为两个网格，配备专职网格长、网格员、兼职微网格员。

网格员入户宣传（2020年摄）

引江社区党群服务中心（2024年摄）

社区老人在居家养老服务站下棋打牌（2015年摄）

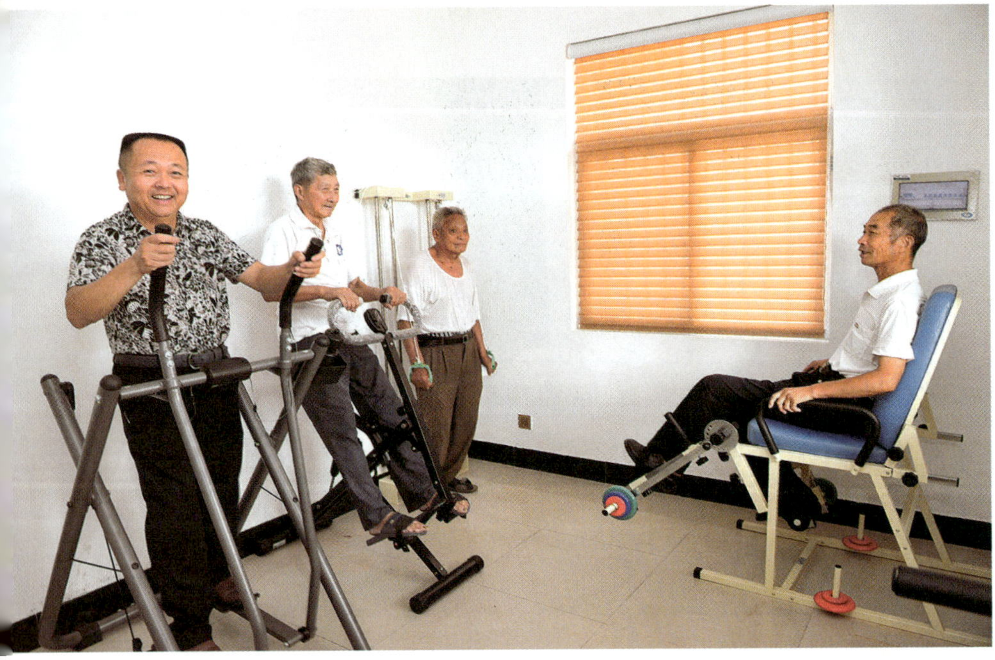

社区老人在居家养老服务站锻炼身体（2015年摄）

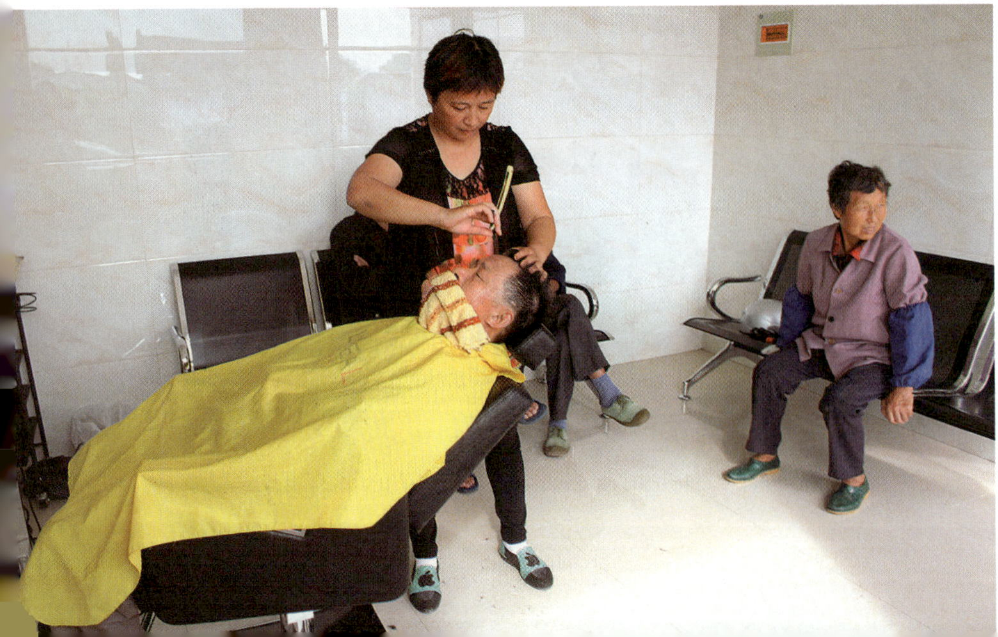

惠民理发（2022年摄）

卫生服务

2015年，引江社区建立社区卫生服务站，面积约300平方米，有医护人员3名。社区卫生服务站除提供集预防、保健、康复、健康教育、计生指导、全科医疗六位一体的服务外，积极推行社区医生家庭责任制，居民看病按照新型农村合作医疗保险相关政策，可以当场结报，实现“群众小病不出社区”目标。社区卫生服务站内设立24小时免费自助体检站，社区群众可以随时掌握自己的健康状况。每年组织60周岁以上老人免费体检和妇女“两癌”筛查。

居家养老服务和残疾人服务

2015年，引江社区投入100余万元，升级改造原有的办公楼，建成一座4A级居家养老服务站。居家养老服务站共3层，面积约260平方米，有工作人员2人，均持有居家养老护理员证。居家养老服务站为社区老年人提供生活照料、家政服务、康复护理、助餐、文体活动等服务，居家养老服务站内设有老年活动室、图书阅览室、精神关爱室、康复健身室、日间照料室、助餐送餐室等。居家养老服务站一楼建有残疾人幸福家园，面积约80平方米，在关爱老年人的同时，为社区残疾人提供康复治疗和康复训练。

惠民措施

2014年起，引江社区陆续推出公交惠民、春节民生大礼包、高考奖励等惠民政策，惠及社区全体居民。

公交惠民　具有引江社区户籍的60周岁以上老年人和在校学生，报销公交车费。报销标准为：办理学生卡的一年报销不超过400元，60周岁及以上老人一年报销不超过200元。

春节民生大礼包　每年年底，社区户籍人员享受村集体年终分红300元/人。另外对特定群体发放额外慰问金，70周岁以上老人300元/人（其中百岁老人1000元）；60周岁以上党员500元/人，现役、退役军人300元/人。阳光计生人员、困难党员、因病致困家庭等可享受300—1000元的慰问金。至2023年底，共发放慰问金820余万元。

高考奖励　户籍在社区的应届高考生，当年考取国家排名前20名高校的，社区奖励1万元/人；达本一大学的，社区奖励5000元/人；达本二的，社区奖励3000元/人。应届生凭录取通知书到社区领取奖励。至2023年底，共发放奖励金25.5万元。

长江水资源费免收　按照省水利部门7元/亩地的标准，每年的水资源费用由社区全额负担。

惠民理发　社区年满60周岁以上的老年人在社区惠民理发室免费理发。

综合治理

平安与法治建设

新时代，引江社区推进平安与法治建设，促进社区各项事业稳定发展。定期组织党员、群众代表到社区参加法律知识集中学习。建成法治文化广场，法治、廉政文化宣传长廊。设立司法行政服务站，邀请法律顾问定期到社区提供法律服务。发挥人民调解委员会职能，及时化解矛盾纠纷。发挥村民代表大会、民主议事会、监督委员会作用，充分发扬民主，确保各类工程项目建设合法、合规。

2015年，引江社区建立矛盾纠纷群众评议制度，成立群众评议组，评议组成员由社区“两委”委员、大学生村官、私营业主、居民小组组长、退休干部、群众等8人组成。群众评议组对群众生活中的家庭纠纷、邻里纠纷、土地承包经营权确认纠纷、抚养纠纷、财产纠纷等进行评议与调解。同年，推进警务室规范化建设，建立社区警务工作人员、

“共建平安公路 伴您一路平安”“6·16安全生产月”宣传活动在引江社区举行（2022年摄）

民主议事(2021年摄)

治安中心户长巡防值勤制度。实施技防入户工程，推广“小威士”音频视频智能报警系统。

2021年1月，引江社区被司法部、民政部评为全国民主法治示范村(社区)。2023年10月，引江社区人民调解委员会被司法部评为全国模范人民调解委员会。

群众工作团

2017年，引江社区成立由高港区“两代表一委员”、群众工作队、联村干部组成的群众工作团，及时解决社区在建设、管理过程中遇到的问题，健全重大事项“六议两公开”工作法(党员群众建议、社区党组织提议、社区“两委”商议、党员大会审议、居民代表会议决议、实施结果评议，决议公开、实施情况公开)，提高基层组织依法办事能力。

社区监督

2015年，引江社区成立由9人组成的监督委员会。主要负责监督村务决策情况；监督村务公开情况；监督村级资金、资产、资源管理情况；监督社区工程项目建设情况；监督惠农政策措施落实情况；监督社区“两委”成员执行《农村基层干部廉洁履行职责若干规定（试行）》的情况，及时反映违纪违法问题；监督涉及村民利益的其他事项。

协商议事

2020年，引江社区“有事好商量”协商议事室成立，侧重将公共决策、公共利益、公共服务等方面事项列入协商议事范围。至2023年，先后围绕“加快‘乡村振兴’建设步伐、推进‘公司化’运行模式讨论会”“老圩东健身点改造”“村规民约立起来 人情新风树起来”“如何变‘流量’为‘留量’”等议题，开展协商议事活动，协商成果由社区党组织确认后实施。

村规民约

引江社区居民勤劳传家、崇文尚德、民风淳朴、乐善好施、尊老爱幼、勤俭节约。在居民自治过程中，引江社区结合实际，制定过一系列约束规范村民行为的规章制度，以维护社区秩序、公共道德。2016年，引江社区制定《引江社区居民公约》。2021年6月，按照协商议事成果，修订《引江社区居民公约》。

附：引江社区居民公约

爱党爱国爱社区，遵纪守法是前提；
村规民约大家订，相互监督同执行。
社会公德铭记心，行言举止处处显；
义务服役理应当，保家卫国争荣光。
邻里和睦赛金宝，互敬礼让风格高；
诚实守信品行端，敬业奉献代代传。
家有长辈是个宝，孝顺善待要记牢；
教育子女走正道，家兴国盛英才造。
黑黄毒赌是祸害，共同抵制远离开；
不信邪教讲科学，破除迷信新风尚。
说事弄非要不得，堂正做人扬美德；
损人利己不能干，勤劳致富做模范。
人情往来重情义，婚丧喜庆节俭办；
党员干部作表率，红色家训传万代。
文明社区大家建，齐抓共管造环境；
公共场所讲品德，爱护公物人有责。
交通法规要遵照，安全出行切记牢；
道路田圩求整洁，杜绝八乱不违建。
秸秆三禁莫忘掉，垃圾分类坚持好；
水清岸绿齐维护，生态环境同打造。
家具杂物摆整齐，衣服被褥常清洗；
个人卫生要打理，家前屋后建美丽。
网络诈骗切谨防，高利集资莫上当；
网格管理常态化，群防群治保安康。
乡村振兴同发力，济弱帮困齐富裕；
引江一秀好风光，现代文明美名扬。

宣传教育

2012年11月党的十八大召开后，党中央积极倡导构建富强、民主、文明、和谐，自由、平等、公正、法治，爱国、敬业、诚信、友善的社会主义核心价值观。引江社区坚持育人为本、德育为先，把培育和践行社会主义核心价值观融入社区居民教育全过程。利用社区宣传栏、LED电子显示屏、宣传横幅等方式宣传社会主义核心价值观。2014年起，利用宣传标语、宣传栏、主题活动等形式，开展以“八礼四仪”（仪表之礼、餐饮之礼、言谈之礼、待人之礼、行走之礼、观赏之礼、游览之礼、仪式之礼，入学仪式、成长仪式、青春仪式、成人仪式）为主要内容的文明礼仪养成教育，教育引导未成年人强化文明礼仪素养。2015年起，设立引江社区“道德讲堂”，开展公民道德教育系列活动。同年，根据《泰州文明市民“十要十不要”》要求，开展居民文明素质教育。2017年10月，党的十九大召开后，组织党员、干部、群众深入学习贯彻党的十九大精神。2019年，围绕新中国成立70周年，开展爱国主义教育。

2021年，开展党史学习教育和庆祝中国共产党成立100周年系列活动。2022年10月，党的二十大召开后，组织党员、干部、群

引江社区“道德讲堂”活动（2021年摄）

“新思想 我来讲”宣讲活动（2022年摄）

开展“八礼八仪”教育（2022年摄）

引江社区“爱在一起中秋家庭日”亲子活动（2019年摄）

高港区妇联在引江社区开展关爱留守儿童巾帼志愿服务活动（2022年摄）

众深入学习贯彻党的二十大精神。

志愿服务

2014年起，引江社区每月组织志愿者在社区服务中心开展便民服务活动，为居民提供医疗保健、法律咨询、电器修理等现场服务。每年妇女节、中秋节、国庆节、春节、元宵节等节日，均组织开展志愿服务活动。2021年，引江社区新时代文明实践站成立，每年组织开展新时代文明实践志愿服务活动。

文明家庭

1997年起，境域内全面推进十星级文明新风户创评工作，做好动员部署、年中初评、年底总评、认定公示、挂牌激励等创评活动。党的十八大召开以后，引江社区推动“文明家庭”创建评选活动，吸引居民积极参与，提升市民文明程度。

2012年起，引江社区围绕爱国守法、遵德守礼、平等和谐、敬业诚信、家教良好、家风淳朴、绿色节俭、热心公益等方面，广泛开展以“诚信守法星、创业致富星、孝老爱亲星、文明风尚星、卫生整洁星”等为主要内容的星级文明家庭评选活动，推进农村家庭文明建设。

文明家庭的创建评选活动每年开展一次，按照《引江社区文明家庭创建评选工作实施方案》严格执行。具体评选程序为：各户自评、小组互评、社区审核、街道党工委审批、授牌表彰。2022年，张竹山家庭被评为江苏省“五好家庭”。至2023年底，引江社区有三星级文明家庭205户、四星级文明家庭63户、五星级文明家庭14户。

道德模范

2014年起，引江社区定期组织评选道德模范。2015年起，开始设立美德善行榜，经过群众推荐、道德评议会商定，评选出道德模范，上榜宣传，至2023年，先后评出赵惠芳等8位道德模范。

赵惠芳　女，1938年7月出生，引江社区双二组人。老人平时省吃俭用，将子女们孝敬她的生活费节省下来，用于资助贫困学子上学，救济贫困家庭。老人住在农村，离城区较远，腿脚又不方便，听到身边有弱势群体生病、普通家庭遭遇灾祸的，赵惠芳总是第一时间送去温暖，并且从不图回报。

薛来凤　女，1950年4月出生，引江社区十圩东组人。薛来凤的婆婆叫严秀英，是村里的百岁老人，虽不聋不瞎、不瘸不瘫，但生病作痛却是常有的事。有时，她一连数天卧床不起。每当这时，薛来凤不但要喂水喂饭，还要洗洗涮涮，伺候婆婆。为防褥疮，每隔几个小时就要帮老人翻身。为增加老人的营养，她自己省吃俭用，想方设法满足老人的需求，只要老人想吃的，再贵也要买。为了让老人开心，她常常在老人床前陪她说话，让老人心情舒畅。多年来，她为婆婆洗澡、梳头、理发、捶背、剪指甲，精心伺候，从不厌烦。

何翠芳　女，1953年10月出生，引江社区丰四组人。2006年，丈夫孙华民在回家途中遭遇车祸，脑部严重损伤，经过抢救保住了性命，但成了植物人。何翠芳义无反顾地放弃自己的工作，十多年间日夜守护丈夫。

陈留春　1963年10月出生，中共党员，引江社区医生。多年来，社区里有人生病，陈留春都随叫随到，及时为群众诊断、开方送药，他跑遍社区的每家每户，深知每一个居民的健康状况。谁患过哪些慢性病，谁对哪些药物过敏，谁家有几个小孩，他心里一清二楚。对于一些困难家庭、弱势群体来看病，陈留春分文不收，尽心尽力为他们医治，对有需要的患者还开展连续服务，对确有需要住院的人帮助联系转诊事宜，尽自己所能帮助社区群众减轻病痛。从健康咨询、测量血压、清创换药，到输液治疗、转诊疑难病人，他每天都是忙忙碌碌为群众服务。

张竹山　1963年11月出生，引江社区党总支书记、居委会主任。张竹山团结带领班子成员紧扣“乡村振兴”主题，通过探索学习，创建“相聚缘”儿童欢乐园，依托水乡文化，发展乡村旅游，走出一条带领群众共同致富的引江道路。为使社区发展成果最大化惠及于民，他牵头制定并实施股份合作社分红、高考奖励、公交惠民等一系列惠民举措。多年以来，只要群众有需求，都是第一时帮助解决实际问题和困难，经常自掏腰包帮扶弱势群体和困难家庭。张竹山曾获得中国好人、省首批“百名示范”村书记、省先进党务工作者、省劳动模范、省“最美基层共产党员”、省“吴仁宝式”优秀村支书、“感动泰州”十大人物、高港区建区二十周年功臣等荣誉称号。

韩建国　1969年1月出生，中共党员，引江社区四圩东组人，扬子江药业集团销售经理。事业有成的他始终牢记自己的党员身份，处处发挥着党员的先锋模范作用，热心公益事业，多次主动出资为社区修路、造桥，支持和配合社区事业的发展。他乐于助人，看到邻居房屋简陋，住房条件差，户主身体状况不好，他毫不犹豫地出资帮助邻居翻修房屋，使邻居住上宽敞舒适的房子。只要听到社区有人遇到困难的消息，他都会第一时间伸出援助之手，社区五保户、低保户都是他的帮扶对象。

车友菊　女，1969年8月出生，湖北人，丈夫张龙海，引江社区十圩西组人。1990年，车友菊与在湖北打工的张龙海相识、结婚。1999年，张龙海患上肝血管瘤，后转至肝硬化，丧失劳动能力。孩子要上学，家人要生活，家庭的重担一下子落到车友菊瘦小的身躯上。自此，车友菊白天打零工，晚上到泰州圣诞礼品厂加工饰品，以微薄的收入维持全家生计。尽管过着如此清苦的生活，车友菊并无任何怨言，省吃俭用，悉心照料病床上的丈夫。在丈夫面前，车友菊不断安慰鼓励他，全家人同甘共苦，不离不弃。张龙海虽未完全恢复，但病情稳定，这都离不开车友菊的照料和鼓舞。

丁粉娣　女，1981年9月出生，引江社区丰四组人。2006年，丁粉娣的公公孙华民在回家途中遭遇车祸，脑部严重损伤，经过抢救保住了性命，但成为植物人。由于婆婆身体不好，丈夫常年外出打工，照顾公公的重担就落在丁粉娣肩上。丁粉娣毫无怨言，夏天定时给公公擦洗身子，冬天按时帮公公翻身。公公病情最严重时，旁边离不开人，丁粉娣便请假在家照顾公公。

4 田园乡村

在乡村振兴战略指引下，引江社区干群齐心协力，因地制宜，在创新发展中找突破，借鉴先进地区的经验做法，结合社区实际，发展特色田园乡村旅游业，建设广大市民和儿童喜闻乐见的“相聚缘”儿童欢乐园、民俗文化街、农业采摘园、引江“相聚缘”垂钓园等项目，取得良好的社会和经济效益。

引江社区乡村旅游项目（2024年摄）

建设与管理

规划建设

2019年，引江社区在江苏省美丽乡村基础上启动特色田园乡村建设，当年被确定为泰州市特色田园乡村建设试点村。2021年3月，经社区“两委”会讨论、居民代表会议审议，确定通过深化“村企共建”，发展引江农旅融合项目。该项目由社区创办的泰州润都农业供销有限公司组织实施，委托江苏国林林业工程咨询公司进行整体规划设计，确定“一心、两轴、四带、多节点”的整体规划方案，由南向北总体规划为休闲垂钓区、儿童游乐区、农业采摘区、民俗文化街区等功能分区。2022年，获批省级特色田园乡村。

一心：核心区域，即儿童游乐区的“相聚缘”儿童欢乐园。两轴：由休闲垂钓区、儿童游乐区、农业采摘区、民俗文化街区构成的游览观光轴；贯穿南北水系的滨水景观轴。四带：由东西向水系形成的四条生态景观带。多节点：分布在各功能分区的景观节点。

引江农旅融合项目占地约400亩，分两期建设。一期项目“相聚缘”儿童欢乐园于2021年5月开工建设，2022年5月1日建成试营业，总投资约2400万元，以亲子乐园、儿童游乐项目、水上运动等为主。二期项目民俗文化街于2022年7月开工建设，至2023年底，主体工程基本竣工，总投入约2600万元。

运营管理

2022年5月试营业后，“相聚缘”儿童欢乐园由社区居委会组织社区干部及相应人员进行管理，负责门票出售、设备维护、人员疏导、环境卫生、安全管理等工作，管理人员获得一定报酬。2023年9月起，委托苏州一家旅游发展公司负责“相聚缘”儿童欢乐园的园区安保、设备操作、前台服务、活动策划、大型活动举办、日常支出、人员工资等事宜，苏州另一家旅游发展公司负责“相聚缘”儿童欢乐园的营销，主要包括节庆类、季节类、主题类营销等。泰州润都农业供销有限公司与两家旅游发展公司三方按照门票实际收入按比例分成。

『相聚缘』儿童欢乐园

“相聚缘”
儿童欢乐园

位于引江社区老圩西组至三圩西组，占地约40亩，投入约2400万元，2021年5月开工建设，2022年5月1日建成营业。设有3个出入口，分为亲子游乐区（无动力游玩区）和动力游玩区，动力游玩区包含玻璃水滑、七彩滑道、碰碰车、旋转木马等12个项目，无动力游玩区包含勇攀高峰、步步惊心桥（高空探险）、时光幻境、古堡惊魂等23个项目。至2023年底，累计接待游客40万余人，新增就业80余人，促进集体经济增收600余万元。

“相聚缘”儿童欢乐园入口处（2023年摄）

七彩滑道（2022年摄）

在亲子游乐区玩耍的儿童（2022年摄）

玻璃水滑（2023年摄）

亲子游乐区（无动力游玩区）

位于园区南门入口东侧，面积约1200平方米，有飞天城堡、勇攀高峰、攀岩系列、巨龙飞腾、六角秋千、发光秋千、泡泡秋千、网红樱花树、空中飞人、滚滚向前、小型摩天轮、坑爹过山车、摇摆桥、古堡惊魂、时光幻境、高空挑战等近20个游玩项目，一票畅玩。

玻璃水滑

位于园区动力游玩区北部，由滑道主体、滑道支撑架、回水系统、回船系统及上下站平台等部分组成。高空玻璃水滑采用钢结构框架，透明钢化玻璃为槽体，水滑道长约280米，有S型、C型弯道。该项目为园区热门项目，节假日期间，游客排队时间达1.5小时以上。

七彩滑道

位于园区动力游玩区西北方向，滑道色彩艳丽，整体高约10米，长约80米。游客体验时，坐在彩虹橡皮圈上，利用物理重力和摩擦力的相互作用与转换来完成快速滑行。

步步惊心桥（高空探险）

位于园区动力游玩区东南方向，悬空跨河而建，分为透明玻璃桥和原木踏板桥两条，距地面高约7米。桥面为隔断的、有间隙平面，长约180米。其中，玻璃桥1米宽，玻璃之间间隔50厘米，木板桥1米宽，木板之间间隔40厘米，采用樟子松防腐木板。游客在上行走时穿戴安全带进行防护，可以俯视下方河道和整个园区，桥面随着游人行走会左右摇晃，体验感较为刺激。

碰碰车

位于园区动力游玩区西北方向，碰碰车场占地约140平方米，有10辆碰碰车，每辆车上配有安全带，可360度旋转，游客坐在车内，通过方向盘或操纵杆来控制碰碰车行驶方向。

冰雪王国

位于社区三圩东组西侧，占地面积530平方米，2022年7月开始对外开放。场馆内室温-5℃，设有冰雕观赏区、冰上娱乐区，游客统一穿着景区提供的羽绒服进入，可以欣赏冰雕、畅玩冰雪滑滑梯。

水上游船

位于“相聚缘”儿童欢乐园内，共有脚踏船、电动船、水上自行车、游船、碰碰船、动物外观船等各类游船42条，除电动船限时30分钟，其余游玩时间不限。该项目为环人工岛游玩线路，游客可乘船欣赏环岛风景。

其他项目

农耕研学园

分为两部分，一部分位于“相聚缘”儿童欢乐园无动力游玩区北侧，又名“一米菜园”，占地约2亩，供游客、亲子家庭种植青菜、白菜等蔬菜；一部分位于“相聚缘”儿童欢乐园南门售票厅南侧，占地约46亩，由园区统一种植红薯、大豆、萝卜等农作物，供中小学生开展户外劳动教育研学活动，体验田园生活乐趣和春耕秋收的农耕文化。至2023年底，该研学园成为口岸幼儿园、沧浪幼儿园、蓝天幼儿园等多所校园的亲子研学基地。

农耕研学园（2023年摄）

草莓采摘（2021年摄）

葡萄采摘（2021年摄）

农业采摘园

民俗文化街

位于社区三圩西组，包含民宿、农家乐和商业街，总投资约2600万元。对三圩西组17个住户进行民宿改造，农家乐、民宿收入归该组居民个人所有。商业街位于该组住户对面，于2022年7月开工建设，至2023年底，主体工程基本建成，建成后为游客提供餐饮、住宿、购物和休闲一条龙服务。开发传统渔村船菜、发展农家乐，打造“引长江水，品引江鱼”特色文旅品牌。

农业采摘园

明涛草莓园　位于社区三圩东组，占地面积44.5亩，于2020年8月建成，年营业收入40余万元。

七彩葡萄园　位于引江社区四圩西组，长江大道东侧，于2014年10月建成，占地面积58亩，年营业收入60余万元。除葡萄外，该基地还种植桃、香瓜、猕猴桃等。

垂钓园

位于社区主干道引江西路入口处东侧（社区党群服务中心对面），占地面积约1000平方米，于2022年9月建成，投资约30万元，垂钓池内有鳜鱼、鲫鱼、鲈鱼、鳊鱼、青鱼等多个品种。园内提供垂钓器材租赁服务，包括鱼竿、鱼线、鱼饵等。

河长制主题公园

位于引江社区境域内泰州引江河堤岸，占地约4600平方米，2021年，由社区出资700万元（其中泰州市水利局补助100万元），对泰州引江河堆土区进行土地整形、栽种绿化和文化氛围营造。公园内有堤岸景观带、绿色健康步道，设置宣传标牌、河长驿站、灯光秀等，增加河长制元素，展示泰州市推行河长制的背景、河长制发展历程、组织体系、目标任务等。在主题公园建设过程中，对原有的引江大道进行拓宽改造，减轻节假日交通压力，方便居民和游客出行。

河长制主题公园（2024年摄）

电商助农直播（2022年摄）

农副产品展销中心

由高港区供销总社、口岸街道引江社区、高港区思源公墓管理有限公司三方合建。展销中心大楼于2022年初建成，由泰州润都农业供销有限公司投资建设，占地面积285.38平方米，总建筑面积约750平方米，总投资约450万元。展销中心借助电子商务平台，带动农特产品促销，拓展“相聚缘”特色果蔬、明涛草莓园、七彩葡萄园网络销售渠道，打造土特产商品集散平台，促进农业增效、农民增收。

乡村大食堂

位于“相聚缘”儿童欢乐园玻璃水滑游玩项目东侧，占地面积0.8亩，建筑面积2400平方米，共5层，于2023年4月开工建设，至2023年底基本建成。建成后，可以为社区居民提供红白事操办场所，也可以同时容纳600人就餐。

停车场

乡村旅游景区配套建有多处停车场，可提供约1000个停车位。停车场路面为柏油黑色路面，地面有彩色标志。“相聚缘”儿童欢乐园南门入口处，老圩组东西方向门前河道以南长度约300米，可提供60个停车位；润都农业农副产品展销中心东侧南北方向长约300米，可提供60个停车位；润都农业农副产品展销中心东侧有一停车场，可提供100个停车位；社区十圩西组东西方向长度约300米，可提供约60个停车位；十圩西组与三圩组之间长度约100米可用于停车，约25个停车位；十圩西至甲圩组全长1500米可用于停车，约200个车位；引江西路两侧长度约2000米均可用于停车，可提供约400个停车位。

5 物产美食

境域内属于种植业与畜牧渔业为一体的平原综合农业地域，全年四季分明，气候温和湿润，适宜农作物、瓜果苗木等的生长，盛产稻、麦、银杏、桃、梨、葡萄等。猪、牛、羊、鸡、鸭、鹅等畜禽家庭饲养普遍。因港河交错，鱼、虾、蟹、蚌等水产品丰富。心灵手巧的引江社区人利用丰富的食材，制作出诸多美味，形成引江水产全鱼席、引江河八鲜、引江全羊席、引江特色农家菜等颇具地域特色的美食菜系，给社区居民的生活增添满满的幸福感。

贯穿引江社区境域内的泰州引江河（2024年摄）

物产

境域内地处长江之滨，土地肥沃，气候宜人，物产丰富。

春笋　初春，万物复苏，社区竹园里的竹笋破土出芽，此时的笋嫩香脆鲜，是一种低脂肪、高蛋白、少淀粉、粗纤维的健康食材。尝鲜无不道春笋，虽说竹笋一年四季都能吃到，但春笋却是一年里最鲜美的。

菱角　秋天，社区河沟里的菱角成熟了，菱角嫩时，肉质嫩脆香甜，菱角老点，肉质紧实粉糯。人们坐澡盆漂在河面采菱，菱上岸后，嫩的剥去外壳做菜，老的直接下锅煮熟咬着吃，咬不动的用刀劈开吃，越老越香。采菱的当晚，多数人家爱煮一锅稀粥，就着老菱吃个饱。

银杏　金秋十月，银杏果成熟了，挂在树上像金色的小铃铛。居民都忙着采收银杏果子。在大晴天，去掉银杏果的外衣，将银杏在水中淘洗干净，晾在竹匾里，晒在席子上，不到两个时辰，银杏就晾晒干了，洁白耀眼，因此人们称银杏为“白果”。居民将部分银杏拿到集市出售，部分银杏馈赠给远方的亲朋，留一部分犒劳自家人。

山芋　境域内高岸居民的家前屋后及自留地多栽种山芋，虽不作主粮，却是人们调剂饮食口味的重要食物。除煮食外，还有将其晒干制成山芋干，留作冬春放入粯子粥里面煮食。将其磨成碎末制成淀粉，加工成粉丝、粉皮或块状的凉粉，都是境域内居民餐桌常见的美食。

芋头　芋头在境域内栽种面积与山芋栽种面积相当，多栽种于地势低凹处，偶有栽种于家前屋后。品种多为水荷芋，亦有香荷芋等品种。

山羊　引江社区水网密布，水草茂盛，20世纪80年代前家家都养羊，其肉质鲜嫩，堪称美食佳品。

鳙鱼　进入腊月，是大家忙着准备过新年的时候，置身河网的社区人纷纷下河撒网捕鱼，常见大鱼小鱼铺一地的场面。最多是鳙鱼，社区人称为“草呆子”“胖头鱼”“花鲢”，鱼头特别大，长约占鱼身的五分之二，重约是鱼重的五分之三，富含胶原蛋白。其肉十分鲜嫩，做出的菜味香汤鲜。

柳叶鳊　境域内又称“江鳊”，是泰州引江河中最常见的鱼种，其身体侧扁，头部小，呈圆形，体态丰腴，肉味鲜美。

天如片区村头银杏树（2024年摄）

引江社区居民种植的香荷芋（2021年摄）

鱼获满仓（2021年摄）

美食

引江社区居民长期以来利用丰富的长江及内河水产资源、水乡田园瓜果时蔬等，调制出一道道美味可口的乡土菜肴，形成富有地域特色的美食菜系。有用河豚、鮰鱼、鳜鱼、鲈鱼、长鱼（黄鳝）、白条鱼等制作而成的水产全鱼席，有将甲鱼、虎头鲨、鳑鲏、虾、蟹、蚌、蚬、螺蛳等烩于一锅制作而成的引江河八鲜，有含冷菜、烧菜、炒菜等在内的引江全羊席，有油焖春笋、柴鸡炖银杏、芋头扣肉、干豇豆烧肉等引江特色农家菜肴，有糯米团、汤圆、馓子、五香螺蛳、香干、臭干等引江小吃。

2018年以前，境域内水产全鱼席食材多采用长江江鲜鱼类。2018年起，为推进长

红烧河豚（2022年摄）

江生态环境保护修复，党中央、国务院作出对长江“共抓大保护，不搞大开发”的决策部署，长江实行十年禁渔，境域内人们积极响应国家政策，全鱼席不再取用江鲜食材，而是改用人工养殖食材。虽然如此，聪明的引江人依然将全鱼席做得鲜美异常、唇齿留香。

水产全鱼席

红烧河豚　河豚鱼又称观灯鱼，每年正月开始上市，清明后罢市。它有黑蓝色花纹的脊背，白白的肚皮，肚皮一鼓起来，上面全是刺丁，大肚子是雌性，小肚子是雄性。河豚体内含有的毒素称为河豚毒素，是一种神经毒素，食用过多可能致死。引江社区人请客吃河豚，一般都是由烧制河豚的厨师先尝，证明无毒后，食客才能动筷。吃皮要反过来整吞（防刺丁），对鱼骨不能吮吸（会中毒），河豚肉易散，吃的时候不能随意翻动，要一条一条地吃。常吃河豚对胃有益，中医说法叫驱胃寒。做法：将河豚先用豆油、生姜、葱大火煸透，见河豚肉发硬了，便放酱油（一条河豚两小勺）、料酒及水（一条河豚半斤水）。然后大火烧五分钟左右，再放糖提鲜、盐增味。转中火小火炖半个小时左右，此时河豚的独特香味四溢开来。

白汁鮰鱼　开春季节是鮰鱼一年四季中最肥的季节，引江社区人用自家春笋和购得的鲜活鮰鱼一起煮成白汁鮰鱼，其色泽乳白，鱼肉细嫩，汤汁黏稠，笋味鲜美，是引江社区人待客上品。做法：将鱼宰杀，去除腮和内脏，保留鱼鳔，将腹部的黑膜（特别腥）洗净。将鱼切成大块，放入清水漂约15分钟。将再漂洗过的鱼块入锅焯水，水中加姜片、葱结、料酒，水沸1—2分钟后将鱼块捞出迅速冲凉，洗去沫沫，沥去水分备用。将竹笋剖开，切成菱形片，下锅焯水，去除苦涩味，捞出沥去水分后备用。锅中放入猪油，旺火将油加热至七八成热后下葱、姜，炸出香味后，放入备用鱼块，煸炒至略显焦黄，加入料酒去腥味，加入备用笋片、糖、盐、味精，加清水没过鱼块，水沸3分钟后盖上锅盖，转中小火焖煮25分钟左右，再转旺火2—5分钟收汁，使汤汁浓稠，关火装盘。

烧蒸鲥鱼　每年四五月间，鲥鱼从近海集群经长江口洄游，在小满和芒种期间为旺汛，十月间再回到海中，年年应时而来，准时无误。鲥鱼为长江水产珍品，很是娇嫩，离开水面很快就死亡。因过度捕捞和水环境的影响，至20世纪90年代中期，市场上几乎看不到长江鲥鱼，市面仅有海鲥鱼或经人工养殖的鲥鱼。有两种做法：一是红烧鲥鱼。鱼剖杀后，去内脏不打鳞，洗净，下油锅微煸，加佐料红烧，时值青蚕豆上市，一般用青蚕豆瓣配烧；二是清蒸鲥鱼。鱼剖杀后，去内脏并打下鱼鳞片，鳞片另置一处，与鱼同时洗净，上盘加佐料，不放或少放酱油，不用配头，将鳞片置鱼两旁，上笼蒸熟。肉质细腻，肥嫩可口，异常鲜美。

蚕豆瓣烧鲈鱼　暮春，蚕豆成熟，人们用新蚕豆剥成的豆瓣做菜烧鲈鱼、炒药芹、做豆瓣蛋花汤等，味极鲜美。蚕豆瓣烧鲈鱼的做法：将鲈鱼宰杀洗净，两侧打上花刀，去除鱼身上的水分，撒上料酒、葱姜水、花椒，去腥备用。将新鲜豆瓣用清水漂洗干净，沥去水分备用。姜切丝，葱白切小段，蒜拍碎，葱叶切花备用。起锅，锅热下花生油、复合猪油，油温六成后下鲈鱼，煎至两面金黄，入料酒、姜丝、葱白、蒜碎去腥，入生抽、蚝油、味精提味增色。入高汤大火烧至汤沸，改用中小火，6分钟后入备用豆瓣转大火烧3—4分钟。加入白糖、盐、鸡精调味，收浓汤汁装盘，最后撒上葱花。

长鱼烧肉　黄鳝，俗称“长鱼”，每到夏季，人们常到田间沟渠用钩子钓、笼子诱、夹子夹。捕获的黄鳝吃法颇多，可成全鳝席。社区最常见的吃法是长鱼烧肉。做法：购些五花肉（六肥四瘦），切成小块。黄鳝斩去头，去除内脏，剁成长约3厘米的小段。冲洗后入盐，以除去表皮的黏液。再次冲洗干净入锅焯水，水中加姜、葱、料酒，沸后2分钟关火，用凉水再次冲洗，沥去水分备用。将五花肉切成火柴盒大小的块子，放入清水中泡一下捞出，提冷水上锅焯水，水中加花椒、拍散的姜块、葱结、料酒，水沸2—3分钟捞出冲凉备用。起锅，锅热入食拉油，油热后放入备用五花肉，加入姜片煸至出油，烹入料酒，加入清水。加入生抽、老抽、蚝油、冰糖、白糖，沸后3分钟转中小火焖炖20分钟。另起锅，锅热入油、入花椒炸香，倒入备用鳝鱼段，煎至微微焦黄，入料酒、蒜（10—15瓣）。将煎好的鳝段并入五花肉下锅，再共同焖炖20分钟。加入盐、鸡精、胡椒粉。转大火收汁，待汤汁浓稠，美味即成。

清蒸白条鱼　夏季，境域内河里的白条鱼（俗称“翘嘴鲌”）肥美，人们常能钓到三五两重的白条，其肉质细腻、嫩白，是鱼中的上品。为了吃到鱼的本味，引江人常以清蒸的方法加以烹饪。做法：鱼宰杀后洗净，沥干水分，在鱼背肉厚处剞上花刀备用。香菇切片，大葱白切丝，青椒、红椒去籽切丝，姜切片备用。鱼装入蒸盘，加姜片、小葱、料酒、盐，在鱼与蒸盘中间插上两三根筷子，使鱼腾空在蒸盘中。锅中水沸后，放入装有鱼的蒸盘，大火蒸6分钟后出笼，倒去蒸盘中的水，同时搛去姜片和小葱，加白糖、鸡精、胡椒粉，鱼身铺上香菇片，上锅旺火复蒸5—6分钟，再虚盖2分钟出笼，抽去筷子，浇上蒸鱼豉油，撒上胡椒粉。在鱼身上铺上葱白丝、青椒丝、红椒丝。起锅入香油，油温七至八成时，淋在葱丝、红椒丝上，“嗤”的一声，腾起一股白烟，清蒸白条就可以上桌了。

刀鱼羹　刀鱼为名贵鱼种，上市于元宵时节，清明后鱼刺逐渐变硬，人们就少吃或不吃了，做法多红烧和清蒸。其中刀鱼羹制作过程最为繁琐，先将刀鱼洗净打鳞，逐条排于锅盖中部，锅内放水，扣一篾竹篓，篓上

白汁鲴鱼（2024年摄）

烧蒸鲥鱼（2024年摄）

鱼汤炖鱼头（2024年摄）

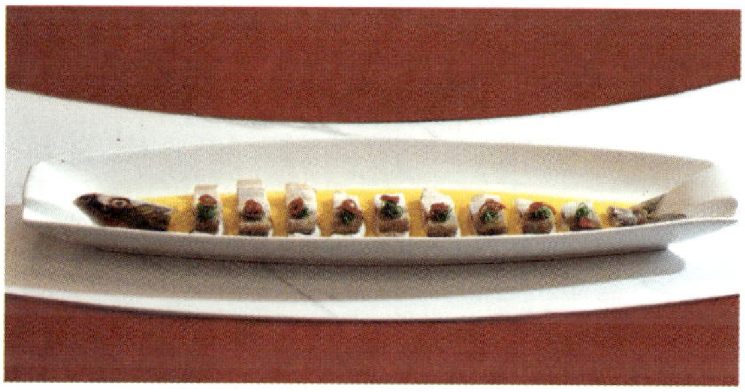
清蒸白条鱼（2022年摄）

置一大盆，盖上锅盖，大火烧煮至鱼肉全部离骨脱落盘内，取出鱼肉后去除鱼刺，连原汤入锅加佐料（不用酱油），稍煮后微微勾芡加味精即成，其味鲜汤白，让人拍案叫绝。此羹是引江社区丰四组老丁酒楼的主打特色菜肴之一。长江禁捕后，用湖刀鱼制作。

河八鲜　将鳑鲏、虎头鲨、甲鱼等当地鱼和虾、蟹、蚌、蚬、螺蛳等水产品洗净后配以生姜、大蒜、料酒、食盐等热锅，加适量的水，大火烧煮至熟，再放入辣椒、香菜、大蒜等调料，小火炖10分钟后起锅，这些食材每一样都很鲜，多种新鲜食材加在一起更是鲜上加鲜，被社区人称为“河八鲜”。

鱼汤炖鱼头　引江社区人用鳙鱼头做的拿手好菜有鱼头炖老豆腐、鱼头烩肉圆、鱼头蘑菇汤、鱼头炖雪里蕻、豆豉蒸鱼头、剁椒鱼头、双椒鱼头、鱼汤炖鱼头等，其中鱼汤炖鱼头做法独特。酒店大厨炖的鱼头汤，大多是用高汤做出来的，而社区人喜用小鲫鱼调汤代替高汤。做法：将小鱼宰杀洗净，沥干水分，纳入盆中加料酒、白胡椒粉、姜片、小葱搅拌，腌制约20分钟备用。鳙鱼头去除鳞、腮，劈成连而不分的两片，冲洗干净，用刀刮去背部的黑色黏液，同时去除鱼的黑膜与牙，擦干水分。洒上料酒、白胡椒粉、姜片、葱，腌制约20分钟备用。剩余的小葱切成末备用。起锅，锅热用姜块擦锅，下油，油温七成时，入备用小鱼（包括腌料）煎至焦黄，烹入料酒去腥，然后将小鱼用铲捣压成糊状，入开水1.5—2升，小火炖约2小时关火，将汤汁入滤网去渣，得鱼汤待用。另起锅，锅热下油150克，油温七成时，下备用鱼头，煎至两边金黄，烹入料酒。鱼头煎好后，立即加入待用鱼汤，大火炖3—5分钟，转中小火焖炖约20分钟。加入盐、白糖、鸡精，再焖2分钟关火。鱼头与汤汁一道滑入大汤盆中，撒上白胡椒粉与香葱末，美食即成。引江社区人做这道菜的理念是：清水炖鱼头嫌寡，鸡汤炖鱼头不纯，高汤炖鱼头嫌烦，鱼汤炖鱼头巧配。

羊肉美食

冬天是吃羊肉的好时节。境域内的羊肉是一大特色。选当地的羊，活羊现宰，带皮，下大锅煮熟，趁热择去骨头，将肉冷冻成块，这样的羊肉可做汤，可冷切，亦可红烧，是暖身健体的冬令佳品。吃一口羊肉，喝一碗羊汤，身子暖洋洋的。蒜苗烧羊肉、青菜炖羊肉、秧草炖羊肉、萝卜炖羊肉……羊肉是冬天人们心中最佳的混搭食品。将鱼与羊肉放在一起炖煮，鲜上加鲜。

全羊席　20世纪80年代，随着经济的发展，境域内人们的生活水平不断提高，餐饮标准也越来越高，菜品花样越来越多，羊肉美食不断创新品种，逐步形成全羊席。全羊席包括冷菜、炒菜、烧菜三大类。冷菜类：冷切羊肉、羊舌、羊耳、羊心、羊腰、羊眼（椒盐）、羊腿（椒盐）、羊肚、羊肝、白汁羊鞭。炒菜类：生炒羊肉、炒羊肝、炒羊腰、炒羊心、炒羊球、炒羊肚。烧菜类：红（白）烧羊肉、红（白）烧羊爪、羊肉狮子头、烧羊杂（肚肺眼）、烧羊脑、烧羊肚、烧三子（羊脑羊鞭、羊球）等。全羊席风味独特，食后回味无穷。

鱼羊鲜　将熟羊肉750克切大块备用。将重约350克的鳜鱼宰杀洗净，背部剐上花刀，纳入盘中加料酒、陈醋、胡椒粉、盐、蚝油、姜葱汁，涂满鱼身，去腥味备用。将五花肉100克切薄片备用。将白萝卜2只切块备用。起锅，锅热下油，油热至七成时，下姜粒、蒜子爆香，放入备用鳜鱼，煎至两边金黄，烹入料酒，出锅待用。净锅，锅热下油，油温六成时，下备用五花肉炸至出油时入姜片、葱结，入备用羊肉块，煸至微黄，烹入料酒去腥。加入羊汤，加入备用萝卜块，转中小火焖炖约15分钟，揭开锅盖捧去姜片、葱结、萝卜块，放入待用鱼，浸入汤中，再炖10分钟。放入冰糖、生抽、老抽、蚝油、陈醋、鸡精、胡椒粉调味，转大火收汁，至汤黏稠止。装盘，鱼、肉分装在盘的两边，最后浇上剩下的汤汁，鱼羊鲜就烧好了。

鲫鱼羊肉汤　将约400克的鲫鱼宰杀洗净，鱼背剐上花刀，洒上料酒、胡椒粉、姜葱水，腌制约10分钟备用。将羊肉切成小块，

鱼羊鲜（2024年摄）

焯水过凉，洗去肉上的沫沫，沥去水分，加料酒、花椒腌制约10分钟备用。白萝卜去皮，切成块备用。起锅，锅热入油，油温六成时下备用鱼，煎至两面微微焦黄入姜粒、葱段，烹入料酒，酒气挥尽后，抄出煎好的鱼待用。净锅，下油，入花椒炸至变色，下大葱段，将备用羊肉煸至肉块微微焦黄，放入清鸡汤、当归、红枣，沸后5分钟入煎好的鱼，同时加入备用萝卜块，转中小火焖炖35—40分钟，入盐、白糖、鸡精调味，撒上胡椒粉关火。装盘时把萝卜块垫入盘底，羊肉在中层，鱼在上层，让枸杞、红枣浮在汤中。

农家味道

红烧肉　将备好的猪肉整块（以五花肉为主）放入锅内加水烧开后取出切块，然后将切好的小块肉再放入锅内煸炒，加入生姜、料酒去腥，加入酱油着色，加入糖提鲜，之后加入开水小火慢炖，1小时后，肉酥烂，出锅，油汪汪的红烧肉就制成了。除上述烧法外，还有冰糖肉（又称糖蹄肉）、白（红）萝卜烧肉、芋头烧肉、茨菇烧肉、干豇豆烧肉、干扁豆烧肉、竹笋烧肉、百页卷烧肉等，均为在红烧肉基础上加入冰糖、萝卜、芋头等配料制成，吃起来油而不腻，美味可口。

红烧狮子头　将绞碎的鲜猪肉加入少许大粉（多为山芋粉），与姜汁、蒜末、料酒等调料搅拌成肉泥，再做成圆子形状放入油锅里，炸熟后捞起，再放入卤汁汤内小火烧煮即成。刚出锅的红烧狮子头热烫烫的，软滑而香嫩。境域内不仅有猪肉制成的红烧狮子头，还有羊肉狮子头，丰三、丰四组在20世纪七八十年代还有用山芋丝配少许猪肉制

干豇豆烧肉（2024年摄）

红烧狮子头（2024年摄）

柴鸡炖银杏（2024年摄）

黄豆炖猪爪（2024年摄）

油焖春笋（2024年摄）

粯子粥（2024年摄）

作红烧狮子头的做法。

油焖春笋　剥去春笋外壳，洗净，切成块。锅中注水约1000毫升，加入少许食用碱，笋块下锅焯水，水沸2分钟后关火。用清水及时汰洗焯水后的笋块，沥去水分备用。将蒜苗洗净切成小段备用。在锅中加入籽油复合熟猪油，油温八成时，倒入备用笋块煸炒，炒至笋块微黄且出香味，入老抽着色，生抽、白糖、蚝油提鲜，加盐增味，烹入料酒，待酒气挥发后加入清水，水占笋块的三分之一，汤沸后，转中小火焖5—6分钟。最后转大火收汁，加入蒜苗段、鸡精翻炒出锅。

干豇豆烧肉　夏天瓜果蔬菜充裕，人们就将瓜果蔬菜进行加工贮藏，留着慢慢享用。以豇豆为例，在收获的旺季，一个早晨能采集一大篮子，先烧开一锅水，加些盐将豇豆焯水，再放在太阳下曝晒变成干货。经过焯水、脱水，使豇豆起了质的变化，具有一种干香味。与猪肉相配烧菜，那是再好不过了。将仔排（也可用五花肉）划成单根，剁成5—6厘米的小段，入清水漂洗，去除血水，上锅焯水，水中加料酒、姜、葱，水沸3分钟后捞出冲凉，去除浮沫备用。处理干豇豆，用温水浸泡干豇豆至柔软，挤去水分备用。用泡发好的干豇豆逐一缠在备用仔排上，且缠紧，做到久煮不散。起锅，锅热下油（油量大些），下花椒炸香，下缠过豇豆的排骨，煸至无水气，加入料酒、香醋去腥，入生抽、白糖提鲜，入老抽着色，加清水，汤沸后入冰糖以增加菜品的亮度，入八角、桂皮、茴香增香，转小火慢炖约40分钟，加入适量的盐入味，大火收汁。汁浓即关火装盘。

菱米烧肉　先将菱米用铝锅煮熟，沥去水分，再将五花肉切成火柴盒大小，焯水冲凉去除血沫，入锅加姜、葱、料酒、生抽、白糖、老抽煸至半熟，入清水，煨至肉烂，待肉快收汁时，倒入熟的菱米，加适量的盐，再焖约10分钟，关火，盛入盘中。只见五花肉红得发亮，菱米油光可鉴，特别诱人。因为有了肉汁的浸润，菱米更觉美味可口。

柴鸡炖银杏　银杏的吃法可谓五花八门，常见的有椒盐白果、盐炸白果、糖炒白果、拔丝银杏、银杏炒百合、银杏炒药芹、银杏银耳羹、银杏心肺汤，其中柴鸡炖银杏既营养又美味，深受社区男女老幼的喜爱。将鸡宰杀洗净，剁成小块，在锅中加清水，放入鸡块，加料酒、姜、葱，焯水后，捞出鸡块，去除浮沫，沥去水分备用。白果敲去外壳，用开水焯烫，去掉红色的皮衣备用。将枸杞入温水泡一下备用。把备用的鸡块、备用的银杏、姜片、葱段入锅中爆香，加足量的水盖上盖子，小火慢炖1—1.5小时，放入盐与枸杞，再炖5—10分钟后，加入胡椒粉即可食用。

黄豆炖猪瓜　过了农历腊月十五，四方游子纷纷往家赶，与久别的亲人团聚，尝一尝久违的家乡美食。黄豆炖猪瓜就特别诱人。将猪爪放在火焰上烧一烧，去除未尽的猪毛，然后在清水里将表皮的污垢刷净，剁成小块下水焯烫，水中加料酒与姜片，焯水后洗净，沥干水分备用。提前4小时泡发黑豆、黄豆，提前2小时泡发芸豆，洗净备用。热水泡发香菇后洗净，沥去水分备用。老姜切片，小葱打结，香菇去蒂，另一部分小葱切末。起锅，锅热，下少许的油、姜、葱、香料入锅爆香，倒入备用猪爪，煸至猪爪出油，烹入料酒，入酱油、蚝油着色。将着色后的猪爪倒入高压锅，加泡发好的黑豆、黄豆、芸豆、香菇，加入少许清水，加入冰糖，大火焖烧40分钟，关火减压，揭开盖子，加适量的盐，开小火煮至汤汁黏稠，关火装盘，最后撒上葱花。

茶豆酱　社区内栽种的一种大颗粒的大豆，因为茶色，人们称之为茶豆。秋天，河边、田埂上的茶豆成熟，家家户户当个宝，都爱用其制成茶豆酱慢慢享用。做法：购些豆瓣酱、甜面酱，买些熟牛肉，早晨拔一捧带着露珠的茶豆，剥下嫩嫩的豆米，再到菜田里摘几枚红艳的辣椒。在锅里放入新榨的菜籽油，小火将酱熬出红油，熬出香味，加入茶豆米、牛肉丁和切碎的小红椒，熬制成茶豆酱，装进大瓶小罐，即成佐餐佳品。早晚喝粥时用茶豆酱作小菜，调剂口味，成为社区男女老少百吃不厌，回味百香的吃法。

糗子粥　境域内俗称元麦、大麦的面粉为“糗子”或“彩儿”。把大麦粉、元麦粉煮的粥称为“糗子粥”或“彩儿粥”。一年四季，家家煮食彩儿粥，饱腹、解渴、有营养。

6 乡土风情

位于长江之滨、引江河畔的引江社区，历经数百年发展，孕育了纯朴浓郁的风土人情，逐步形成了相对独立颇具特色的地域文化，这里的居民勤劳善良，重礼守信，这里的民间文艺、习俗礼仪、故事传说、方言谚语等，均具有浓浓的地方色彩。

社区展新颜（2022年摄）

民间文艺

摇花船

摇花船又名荡花船、跑旱船，花船形状像船，制作简单，表演方便，人员可多可少，表演者年龄可大可小，深受境域内群众喜爱。引江社区摇花船一度在高港区、海陵区、扬州市江都区等地都很有名。随着社会的发展，摇花船这一民间表演逐步被广场歌舞和影视文艺所代替，但逢年过节仍常见。

花船长约2米、宽约1米、高约2米，用竹竿篾片、花布绸布、纸花等扎制而成，五颜六色，靓丽显眼。每年春节，从正月初一至正月十八（落灯）花船表演队伍每天在村、圩、队的打谷场（晒场）或较大的空旷地表演，有时也到各家各户门前院内演出。

花船有社区（村）的，也有各圩各生产队的，还有几户合伙的，所以广而多，到外村他圩交流演出也多，常到故土、口岸、嘶马、杨桥、浦头、刁铺等地交流表演。

花船表演以2人（船娘和艄公）为主体，配有锣鼓手4人，或6—8人的外围舞者，有的还配有8—10人的“打莲湘”舞蹈。船娘和艄公表演时既各有分工又密切配合，船娘打扮得十分艳丽，在花船中央用双手提船或以肩带载船兼绳带系腰，摇船时多用四方步或进一退二或进二退一步伐，协调手脚腰部动作，将花船船体摇晃似水中浪行颠簸。艄公手中的竹竿似篙，做撑船掌舵状，其打扮古怪，头戴毡帽或草帽，身着灰衣，高翘八字胡，说话诙谐幽默，动作滑稽荒唐，与船娘说唱应答顺溜，似清口相声又似说唱问答。台词唱腔有预先编排的，也有现编现说现唱的，常引得观众捧腹大笑。

花船所到之处，主家须鸣放鞭炮相迎送，有相应礼品（礼金）赠送。

挑花担

“锣鼓一打响当当，花担挑到您府上；

某某是位热潮人，倒茶拿烟放炮仗。”

“哐哐噔噔哐哐噔噔”的锣鼓喧天声音，告诉人们挑花担的到家门口了，随着主家的鞭炮声响起，围观看客越集越多，男女老少闻声纷纷而来。

摇花船（2016年摄）

挑花担（2016年摄）

引江社区传统的花担舞蹈说唱，与长江两岸苏南苏中地区的花担基本相似，均以竹片编制成的两个大花篮配一条软质富有弹性的扁担构成花担，花担上扎有红绿绸缎条，由一名年轻貌美的女子挑花担，另有敲锣鼓或拉二胡的4—6人搭配演出。挑花担多见于春节期间或重大庙会集场。

引江社区的花担舞蹈说唱独特之处在于人美如花、说唱幽默、互动逗笑三点。

人美如花，指的是挑花担的姑娘是选出的长相俊俏、身材细柔、姿态优雅的美女，穿衣讲究，发型时髦，关键是佩戴一副墨镜。挑花担时，花担美女晃晃悠悠，踏步轻盈，踩踏音乐或锣鼓点子快走慢跑，前进后退，扭腰甩腚，特别是双手叉腰不扶扁担，仅用肩保持花担平衡不倾斜，动作优美，人与花担合为一体。有时会用双担（两组花担）同时表演，两组花担相互交叉，不断变换角度，错落有致，令围观者赏心悦目。

说唱幽默，指的是花担主唱的人，此人必定是口才绝佳，音质较好，肚里有诗词歌赋，头脑反应灵活。唱词有预先编记好的，也有借景生情现编现唱现说临场发挥的，均含喜庆祝贺之义且风趣，与清口相声相似，多以方言土语表演，好听且好笑。主唱说者可男可女，以男性居多。

互动逗笑，指的是在表演时，常有观众也想学挑一下花担，走几步舞一下，或上去唱上几句逗一下乐，但往往演而不像，走不像步，歪歪扭扭，说唱时断词忘句，引得观众捧腹大笑。

花担也有不用锣鼓的，直接一把二胡跟花担，拉二胡者边拉边唱边说，有时一人拉二胡另一人说唱。花担到门进户入院也有讲究，必须直进直出，不可以横担进场退场，更不可退进退出。也有户主因怕烦或小气，不愿放鞭炮给礼品礼金，发现花担来了关门闭院不接待，挑花担者发现后有时会在门外怼唱戏弄主家一番，比如：

“锣鼓一打响当当，花担挑到你府上；

本是送财到你家，关门不开不应当。”

这最后两句是重点，意谓：我送财气来了，你把财气关在门外，户主你也太小气了。

如今，挑花担这一民间文艺仍在传承。

唱凤凰

引江社区的唱凤凰属于苏中地区的民间艺术，与江都、海陵、兴化、姜堰、泰兴、靖江为一脉传承。翁老圩西陈世一唱凤凰较有名气。

唱凤凰人少、道具简单，一只纸扎凤凰随身携带唱遍各地各户。纸扎凤凰造型优美，色彩斑斓，似鸟似凤似孔雀。唱凤凰的艺人常在春节期间手执纸扎凤凰去各村各户演唱，表达新春美好祝愿。

唱凤凰的唱词大多是预先编排好的，也有临场发挥现编现唱现说的，也有根据不同情况即编即唱的，内容所涉甚广。主家建新房就唱华堂，娶儿媳就唱新娘，生儿孙就唱儿郎，当兵参军就唱国防，金榜题名就唱学子。也有唱月和唱季的，春唱牡丹夏唱月，秋唱菊花冬唱雪。还有把古今中外的故事名人、英雄豪杰编成唱词的。近来，多唱现代文明、乡规民约，颂扬好人好事。

陈世一唱凤凰基本为清唱，有时把凤凰固定在长凳一端，自己坐另一端，也有直接把凤凰放地上，他能一口气唱半日不停歇。

过去，唱凤凰多为1—2人一组，也有6人左右一组。唱时由一人主唱，一人操作凤凰做些动作，配合锣鼓、二胡奏乐，演唱生动活泼。开场通常以四季调开始，比如：

“锣鼓一敲响当当，凤凰飞到您府上；

送来财宝送吉祥，祝您全家福满堂。”

然后根据主家情况选唱或现编现唱，唱腔语法基本是以通俗易懂的方言土语为主，有的唱说类似于高港地区流行的“说鸽子”“说快板”或现代Rap（说唱乐）风格。

唱凤凰通常讲究礼数，比如主家应鞭炮迎送，馈赠礼品。凤凰往往头朝主家大门，演唱结束退场时，表演者操纵凤凰头部向主人致敬谢礼，双方以吉言祝语等退场。随着时代发展，如今唱凤凰已较少出现。

京剧

境域内不少人非常喜欢京剧，爱好者常能哼唱传统的优秀京剧节目选段，如《贵妃醉酒》《借东风》《窦娥冤》等。20世纪50年代，梅兰芳回泰州演出，境域内掀起一股京剧热潮，爱好者连夜赶往泰州城区排队抢票，有人连看多场。“文化大革命”期间，革命样板戏流行，境域内村组积极组织社员学唱样板戏的精彩唱段。一时间，田间地头都能听到“打不尽豺狼，绝不下战场……”“临行喝妈一碗酒……”“要学那泰山顶上一青松……”的京腔京调。改革开放后，文艺迎来百花齐放的春天，传统京剧、现代京剧剧目交相登场。电视普及后，爱好京剧的社区人坐在家中即可欣赏学唱京剧。

扬剧

扬剧是境域内传统剧目，人们不仅爱看，还能哼唱一二。表演内容丰富，包含有民间的花鼓、秧歌、杂耍、龙灯、麒麟唱、荡花船等歌舞艺术。唱腔有的刚柔并济，有的轻绵细腻，有的阳刚粗犷，有的隽永清新。境域内的荡花船、舞龙灯、挑花担的演唱大多是扬剧调，特别是村组的宣传队，自编小节目的唱段都喜欢用扬剧小调演唱，乡里乡气，十分迎合群众的口味。

淮剧

淮剧是引江社区居民喜欢的剧种之一。20世纪八九十年代，农闲时境域内的十一圩东、老圩、双一、四圩东等的居民常自筹钱款，邀请淮阴淮剧团、扬州淮剧团、泰州淮剧团等到村演出。这些剧团都是知名的大剧团，其中不乏获梅花奖的大牌明星。有的队组一连演出十多天，有时下午演出后，晚上还要加演，场场不同戏，场场都精彩，场场观众爆满。进入21世纪，随着广播、电视的普及，人们在家中通过收听广播、收看电视就能方便地欣赏到淮剧等剧种。

乡间习俗

生产习俗

供荤盘　引江社区自古以稻麦为主要农耕作物，在每年的农历三月下旬开始育秧苗，在落谷时为祈求年丰人安，在田头组织类似于祭祀祈祷的落谷习俗，称为供荤盘。以荤盘供奉天地，祈求人寿年丰，求得一个好收成。荤盘中含鱼、肉、米、麦、茶叶、万年青六件物品，寓意为六六大顺。

开秧门　端午节前，秧苗经过一个多月的培育开始移栽。栽秧是农事中的最大事，地方名俗有云“黄秧落地，老少低头”。开秧门指的是开始插秧时，由家族中长者第一个将捆好的秧苗拿到插秧的大田，解开捆扎的秧苗插第一株秧在田里。长者开秧门后，其他人正式开始插秧。

关秧门　关秧门指将最后一株秧留着，等所有插秧人都从秧田里上岸后，再将最后一株秧插田里，习俗上寓意不将插秧人关在田里，插秧人若被关在田里出不来对其不吉利。为了日后补种秧苗，在关秧门时将剩余秧苗暂插在田角留作备用。

青苗会　新中国成立前，境域内村民为求神消灾，祈祷苍天保佑五谷丰收，常举行青苗会，在大田秧苗栽插后（麦苗出青后）为防病虫和自然灾害，乡中长者联合发起青苗会，通常以自然村圩进行，以香烛、荤盘、果品祭祀土地神灵，请小戏班子唱戏说书，祈祷庄稼旺盛、五谷丰登。新中国成立后，这项民俗活动逐渐减少直至消失。

尝新　新米、新麦尝新（又称尝鲜）是境域内很久前物资匮乏的年代盛行的农家习俗。每当新麦、新稻上打谷场时，农户们谢天谢地敬祖宗，谢乡邻亲友帮场打谷，以新稻舂米新麦子磨面，做成香喷喷的米饭、面食，请众乡邻、亲友共尝新米饭、新面食，庆贺丰收。

打号子　引江社区自古农耕生产中就有打号子的习惯。打号子，亦称打劳动号子，用以调节劳动生产中的气氛，减轻体力压力，转移注意力。有挑担号子，有插秧秧歌，有耥耙号子，有车水小调，初听以为在嚎叫，细听很有情趣感，一个人打号子如同独唱，一群人打号子如同大合唱，有时这边唱来那边和，充满乡土文化气息。如插秧秧歌：“弯腰背对天哎，浑水不见面，看着往后退，实际是向前。”挑担号子：“为担来呀来啊了号，嘿哟嘿哟！”

打拌工　打拌工又称伴工、打碰碰，是长期以来在生产劳动中形成的习俗。由于劳动力之间的差异以及庄稼成熟的先后，邻里之间在播种收割时，往往形成左邻右舍或同村圩与圩之间的劳动力互相帮助打伴工现象，大家强帮弱、多帮少，不计报酬，以工换工，体现了团结互助精神。集中力量打歼灭战的帮工换工习俗至今仍存。

拜师学艺　引江社区在当地和在苏州、无锡、常州、扬州、上海等地很有名气的手艺人为传承技艺，常招收徒弟。徒弟拜师学艺的习俗很讲究，请师、拜师、学师、满师、谢师等仪式一样不少。学徒经介绍人介绍请师傅，师傅同意接受其为徒后即举行拜师仪式，摆酒席、立字据、订年限等。学徒学艺期满后需摆谢师宴答谢师傅，师傅也会给满师的徒儿赠以礼品，以赠工具为主。

建房习俗

上梁　“上梁”是建房的重要仪式，要选吉日进行。事前，将正梁两边的桁架投好，吉时一到，燃放鞭炮，木工、瓦工在主梁上挂红、插花，贴“福”字、贴“上梁大吉”吉语，在东、西脊柱上贴“竖柱恰逢黄道日，上梁正遇紫微星”之类吉语。主梁就位时木工、瓦工说“鸽子”：“日出东方喜洋洋，我为主家砌华堂。前面已砌状元府，后面再砌宰相房。”边说边将糖块、馒头、粽子、糕点等抛向地面围观“上梁”的庄邻，让人们争抢，场面颇热闹。仪式过后，主家置酒款待瓦木匠、帮工和贺喜亲友。

乔迁　住房搬迁一般选择大寒期间，人们认为此时的“太岁”不管人间闲事，搬迁事宜百无禁忌。搬迁时需要子孙桶（马桶）、万年青、红纸裹柄的斧头等吉祥物，取“子孙绵绵，万年常青”之意，斧头用来“辟邪”。新建住宅虽不一定选大寒进宅，但一般也要选在吉时进行。迁居时，亲友多赠贺幛、贺匾，或其他礼品，庆贺乔迁之喜，谓之“贺屋”或“贺搬”。主家要择日设宴酬宾。现在，不少居民在高港城区或周边地区购买了商品房，同样择日乔迁，宴请亲友。

岁时习俗

春节　从除夕吃年夜饭到初一零时，家家燃放鞭炮。清晨，在家神和祖先牌位（或像轴）前面供奉茶果、汤圆，焚香拜祭。早晨，人人穿新衣裳，晚辈向父母、长辈拜年，长辈向晚辈赠压岁钱。此后，全队或全圩人相互拜年。见面要说“新年好”“恭喜发财”等吉利话。家中来客，敬烟倒茶，并待以糕点、枣子茶（俗称“元宝茶”）。对小孩则以糖果、花生、蚕豆、糕点等分发。如果圩里有户娶新娘，还要去闹着讨要花生、豆儿。初一中午吃糯米饭、素菜（有的人家吃一天素菜，不吃荤）。大年初一家里的妇女不用下厨，由男士煮饭、烧菜。初一不动刀，菜要前一天洗好、切好。晚饭吃面条并早早睡觉。传说，此夜老鼠嫁女，家中不能点灯。从初一到初五，都要说吉利话，如果小孩不小心说了不吉利的话，大人马上说“童言无忌”。妇女忌做针线活。村里组织舞龙灯、挑花担、荡花船等文娱节目，三圩、四圩、十五圩的青壮年组织舞大狮子，演出节目在腊月开始集中排练。

正月初一，现在的人们时兴用手机短信、微信向远方亲友拜年，有时将吉祥语编成打油诗群发。初二，姑娘携带丈夫、孩子回娘家向父母拜年。从初三起，亲戚之间相互拜年，走亲访友，直至元宵节方休。多数人家有“拿年酒”的习俗，在正月十三日高灯之前，选择日期约请亲友，共话亲友情谊。

过去，家中长者逝去称“老了人”，三年内（后来为第一年）正月初一家人因有孝在身，不能出门拜年。同时，有初一家中不扫地、初二扫地只能向里扫的习俗，寓意不能把财气扫出去，初一不动刀剪，不得向地上泼水。

财神日　正月初五为财神日，俗称“破五”。几乎家家焚香点烛拜财神。子时前后，处处爆竹声震耳欲聋；天明，商店开门营业。

灯节　正月十三至十八为灯节。十三为元宵灯节试灯，亦称“上灯”或“高灯”。晚上，吃圆子，有的人家在门前竖杆子挂彩灯，各家儿童点燃各式彩灯，沿门前大路游玩，青年人在大田里放飏灯（即孔明灯），放到正月十八落灯日。因飏灯易引发火灾，近年已禁放。

正月十五称元宵节，为灯节高潮，村民舞龙灯、舞狮子、荡花船、挑花担、唱凤凰等，晚上小孩展示、玩弄各种灯，非常热闹。

正月十八晚上，吃面条，收藏彩灯，称“落灯”。在缺食少粮的年代有“高灯圆子，落灯面，今年吃过望明年”的俗谚。落灯过后，过年就算结束。旧时还有俗谚称：“十三上灯、十四新春、十五元宵、十六牙朝（逢犒打牙祭改善伙食）、十七等等、十八落灯、十九算账、二十动身。”

二月二　又称“龙头节”。境域内旧俗有“煮龙蛋”（煮汤圆）、“推龙皮”（摊烧饼）、“撒龙灰”（用草麦灰从门外撒至家中水缸并绕水缸一圈），寓意为有龙保护合家平安，该俗今已不存。是日有俗语：“二月二，龙抬头，家家带活猴（外孙）”。流行的谚俗是“二月二带女儿，家家人家带女儿，带了女儿富嘴儿，不带女儿穷鬼儿”。再有习俗：二月初二这一天，已出嫁的女儿带丈夫、婴儿回娘家，婴儿第一次到外婆家，额头上要点红点，从外婆家返回时要涂锅灰，以保平安无忌。

花朝　民间传说，农历二月十二为百花生日，也叫花神节，又名花朝。是日，花圃、玩花草的以红布条、红绸子系花枝，谓之“挂红”，以示良辰美景，生活像花团锦簇，祈愿花园、苗圃生意兴隆，财源广进。

清明节　清明节为扫墓祭祖之日。节前数日，子女为祖先修坟、加土，铲草除杂，清理祖坟。清明日中午应提早祭祖，烧钱化纸，寄托哀思。清明，农村开始做秧田，水稻浸种催芽，进入春耕大忙季节。此日，家家门前插杨柳，男女青年头戴杨柳枝扎成的圈帽，走向田埂踏青、郊游，享受春天的美好时光。每逢此日，机关、企事业单位、学校放假，政府部门组织干部、职工、师生到位于境域内的高港烈士陵园向革命烈士敬献花圈，凭吊先烈，寄托哀思，进行爱国主义教育。

立夏　立夏见三鲜。此节前后，一些蔬果鱼虾应时出现，青蚕豆、豌豆、苋菜为“田里三鲜”，枇杷、杏子、桃子为“树上三鲜”，鲥鱼、江虾、江鲢为“水中三鲜”。现在长江水中三鲜已经不见鲥鱼。立夏当日有尝鲜的习俗，境域内村民大多摘食青蚕豆、豌豆（称为时果儿），儿童吃绿壳熟鸭蛋，可以防“疰夏”。过去，立夏日有妇女用皂角洗头发、为小孩称体重等习俗。

送夏　过去，入夏之初，娘家要为新出嫁的女儿送过夏天的衣物。送夏的衣物包括布蚊帐、夏衣、凉席、凉帽、凉匾、蒲扇等。进入21世纪，送夏习俗尚存，送夏的物品有所变化，除送夏衣外，还有冰箱、空调、彩电、电风扇等。

端午节　农历五月初五为端午节，又称端阳节。农历五月被称为毒月，人们防五毒（指蜈蚣、蝎子、壁虎、蜘蛛和蛇）。过去，自五月初一（称小端午）起，家家屋中张挂判官像，并用菖蒲、艾草插瓶。儿童从五月初一起戴百索绳，穿虎皮褂裤及虎头鞋，胸前佩戴盛有熟鸭蛋的小网袋。蚊帐内也悬挂用绸、锦等制成的老虎脸儿，内盛雄黄与香粉的香袋等。妇女则在发间插红绿绒针。端午节当天要吃粽子，中午喝雄黄酒，菜为苋菜、虾、鸭蛋、烤鸭、黄鳝等五红或八红。午后，家家用艾草、菖蒲等烧制百草汤洗澡，浴室也将艾草、菖蒲放入池中。儿童额间用雄黄酒涂成“王”字。现在，裹粽子、插菖蒲与艾草，中午饱啖，儿童戴百索绳、戴虎头帽、穿虎头鞋等习俗仍延续。

六月六　农历六月初六由清康熙帝定为“晒书节”，曝伏晒书。文人将收藏的书籍、字画摊开曝晒，以防虫蛀霉烂。家家户户晒衣服。六月六洗白肉，孩子下河洗澡，妇女洗头。少女采撷凤仙花瓣捣烂敷指甲。六月六，家家户户吃“元宝”（即馄饨）。

七夕　农历七月初七为女儿乞巧之日，称“七巧节”，又称“少女节”。乞巧之说源于牛郎织女鹊桥相会的传说。是日晚上，供奉水果，对天焚香，少女穿针引线，谓之“乞巧”。也有三五少女，静坐葡萄架下，据说能听到牛郎的窃窃私语，此俗今不存。近年来，七夕渐渐成为中国情人节，流行男生送玫瑰等礼物给心上人。

七月半　农历七月十五，民间俗称“七月半”，道教称“中元节”，佛教称“盂兰盆节”。中午各家供飨焚纸钱，祭祀祖先。此俗如今仍流行。

中秋节　农历八月十五为中秋节，又称“团圆节”。是日前，至亲厚友互赠月饼，境域内家家户户做糖烧饼。晚上，明月当空，各家以月饼、石榴、柿子、荷藕、菱角等物品在门前月光下供奉，点烛焚香祭月，谓“敬月”。在外地工作的子女回家，与亲人团圆相聚。

重阳节　农历九月初九为重阳节，也称“登高节”。早上吃米糕，称“重阳糕”。因境域内属平原地区，人们无山可登，所以吃糕，以谐音“糕”代替登“高”。米糕上插有小彩旗。此外，还有赏菊、喝菊花茶、吃螃蟹的习俗。重阳一过，白昼渐短，干活不再吃晚茶，民间有“吃了重阳糕，就把晚茶搿”之说。1987年，国家把重阳节定为“敬老节”后，每年重阳节前，普遍开展尊老敬老活动。

冬至　又称长至节。是日，家家户户祭奠祖宗。有“早烧清明，晚烧冬”“冬至大似年”之说。此俗延续至今。

腊八　腊月初八为“腊八”，传为释迦牟尼得道成佛之日，寺庙用粳米、赤豆、黄豆、花生米、芋头、茨菇、红枣、白果、栗子、青菜等掺入粥内，煮成“腊八粥”，分发给施主。境域内居民中午则以粳米、红枣、白果、芋头、茨菇、赤豆、南瓜、花生米、青菜等煮成腊八粥。

送灶辞年接灶　腊月二十四又称廿四夜。是日，完成送灶后，家中可以掸尘，洗刷窗户，打扫庭院。安排“辞年”日期，“辞年”就是上告祖先，旧年过去，迎接新年，要在大年三十夜之前辞年。除夕贴新的灶龛对联，祭祀灶神，称“接灶”。

除夕　春节前一天晚上又称大年夜，一般为腊月三十日。是日午饭后，家家户户贴对联。晚饭后，敬菩萨、接灶神、祭祖宗。交子时分，大放鞭炮，全家通宵不眠，俗称“守岁”。贴春联、放鞭炮、吃“年夜饭”等传统习俗至今仍然保留。除夕晚上的年夜饭大有讲究，桌上必须有鸡，寓意来年大吉大利；必须有鱼，寓意年年有余；必须吃“元宝”（饺子），寓意来年招财进宝。请菩萨、接灶神在20世纪60年代渐废，80年代后又有所恢复。至2023年，此俗仍存。

茶
福

墙面彩绘（2022年摄）

传统礼仪

婚嫁、生育、寿诞是个人和家庭的大事。旧社会有一整套繁琐的礼仪风俗，带有封建落后性。新中国成立后，对传统礼仪多有改革，人们有了新观念、新内容和新形式，礼仪习惯讲求文明、简约、庄重。

婚嫁

旧时，境域内平民的婚嫁较简单，大户人家的婚嫁仪式较多。新中国成立后，实行自由择偶、一夫一妻、男女平等的婚姻制度，废止“父母之命、媒妁之言”的包办婚姻，排八字、算命占卜等迷信活动也渐趋消失。随后，结婚仪式简化，男女双方自由恋爱或经人介绍而结婚，仪式是新旧结合。20世纪80年代后，婚俗越趋复杂。即使自由恋爱，准备结婚时，男女双方也要各请介绍人，谓之“现成媒”。结婚前由介绍人至女方家商谈结婚彩礼，要求男方家置办哪些物品、彩礼、办多少桌酒席等。婚期选择双日（最好公历、农历都是双日）或节假日。新郎和介绍人至女方家迎亲，过去使用轿子，现多使用汽车接亲，通常8—10辆。新郎在介绍人、伴郎陪同下到女方接亲，新娘在伴娘陪同下到达男方家，晚上在家请包厨宴请亲友。仪式比较简单，开席时说明结婚相关情况，三道菜上桌后，家长和一对新人逐桌敬酒、敬烟。宴毕，亲友散席。晚上介绍人和亲友闹洞房。

进入21世纪，随经济社会的快速发展，男女结婚，一般家庭在家里包厨设婚宴。经济条件好的家庭多将婚宴安排在附近的刁铺或口岸集镇上的酒店，还专门聘请婚庆公司策划和主持婚礼，请有身份的人做证婚人。晚宴开始前，新郎和身着婚纱、手捧鲜花的新娘站在酒店门厅前迎接亲朋嘉宾。婚宴开始时，由司仪主持，介绍新郎、新娘恋爱过程，证婚人作证婚词，双方父亲讲话，发红包等。喜宴开始后，新郎、新娘和其父母挨桌敬酒，客人在酒席上有时闹新郎、新娘，说几句祝福话。喜宴结束时，各人自带酒桌上备好的喜糖喜烟回家。

生育

过去，女儿婚后生育，娘家在临产前一个月要去“催生”，主要将快要诞生的婴儿所需的内衣、鞋帽、尿布以及孕妇所需的红糖、草纸、灰匾子等物品送去。绝大多数在家生养，请接生婆接生。婴儿出生后第三天称“三朝”，向外婆和亲戚家报喜。生男生女都要送红蛋（一般3—5只）。生男孩由孩子的父亲向邻里挨门挨户送“毛米粥”（糯米粥上放一点红糖）。产妇要卧床休息一个月，谓之“坐月子”。

“三朝”时要请接生婆吃饭，请外婆参加。接生婆为婴儿洗澡，称为“洗三”，给婴儿取“乳名”。从此开始，一个月内亲友开始上门探望产妇，送老母鸡、蹄膀、肚肺、猪腰、茶馓、红糖之类滋补物品，谓之“看月子”。至亲厚友看两次，娘家必须看三次。

婴儿出生一个月期满，叫“满月”。满月当日，宴请亲友吃满月酒。请理发师上门，由婴儿舅舅为婴儿剃胎发，名曰“剃满月头”。满月后，女方要接女儿回娘家或由女儿自己回娘家，婴儿额上点红点，寓意将来做事红红火火。

婴儿出生100天，称“过百岁”。自家要做100个“扠扠饼”，将其中一个放在小孩胳肢窝里夹一下，意为“小孩壮胆，腰杆子硬”，其余发给邻居小孩吃，以示吉祥。姑妈或姨妈买长命锁给孩子，以保长命百岁。

孩子满周岁，称“过周”。过周当日中午，以“笔、砚、刀剪”等各种玩具放在小孩面前，任其抓取，以预测将来作为，称为“抓周”。百日与过周都要宴请亲友。

进入21世纪，妇女生育条件有了极大的改善，不论城乡，产妇一律到医院妇产科生养，有的还请“月嫂”专业护理，送红蛋的数量和花式品种亦普遍增多。“看月子”除外婆家送食品外，多数人是送红包，任由产妇按需要购买物品。

寿诞

逢十过生日称“做大寿”，要庆贺一番。民间有“做三不做四”“三十岁不做，四十岁不发”之说，一般三十岁的生日要做，但排场不大。从六十岁开始，凡是整十岁的大生日是要做的，做寿的排场按照主人的身份、经济状况和个性特征，因人而异。正日中午，设寿堂、燃红烛、点寿字香，寿星坐寿堂，接受晚辈叩拜，发红包。子女和族人等团聚吃寿面。晚上大摆筵席，向寿星敬酒，燃放鞭炮。改革开放后，祝寿习俗依旧，但形式略有不同。引江社区人做大寿，一般由儿子备寿宴，女儿办礼担，买新衣服、鞋帽、袜子、烟花爆竹等，亲朋好友、左邻右舍赴宴。筵席开始后，参宴者依序向寿星敬酒祝寿。百岁老人过生日，社区和上级民政部门会上门祝贺。

听蟹

20世纪90年代前，秋冬时节西北风一起，蟹脚发痒，境域内便进入听蟹的好季节。听蟹人晚上提一盏四角灯或马灯，来到早已选好的河边浅水滩或螃蟹必经的河堤坝边，将灯置于较高处。螃蟹喜光，见到灯光，就会悄悄地朝亮处爬来。听蟹人一见螃蟹，迅速用拇指、食指和中指掐住螃蟹身体两侧，将其捉住。还有一种听蟹的方法。听蟹人在通往长江的河道中横着下一条丝网，听蟹人只需点亮灯，蹲坐在避风一侧的丝网的一端，观察丝网浮子的动静。当水下螃蟹爬行触碰到丝网时，浮子会动起来，听蟹人迅速拉起丝网，慌忙中螃蟹的脚会缠在丝网上，听蟹人即可将其捉拿归篓。运气好时，一晚能“听”到十多只蟹，每只三四两重。进入21世纪，人工养殖螃蟹大发展，听蟹人越来越少。

夹黄鳝

引江社区地处长江北岸，港河密布，沟渠纵横，鱼虾众多，适宜黄鳝生长。插秧时节，黄鳝一到晚上七八点钟就出洞觅食，此时正是夹黄鳝的最佳时机。夹黄鳝需要一个夹子，它是用两根长约50厘米、宽3—4厘米的竹片做成，削得滑滑的。在两根竹片的三分之一处中间钻一孔，用铆钉或铅丝将其固定好。将竹片三分之二的内侧刻出规则的小牙。20世纪90年代前，每当夜幕降临，插秧刚回到家的人们，草草地吃上一点，就左手提着四角灯，右手拿着夹子，腰间挂着小鱼篓，来到水稻田边寻找觅食的黄鳝。见到黄鳝在游动，只要悄悄地将竹片分开，对准黄鳝身体中部靠前处夹下去，两边的竹牙随着手力的作用合到一起，黄鳝就被夹住了。那时每晚大约可夹到二三斤黄鳝。时至今日，还有些老庄稼汉在插秧时节夹些黄鳝做成美味。

淌游蚬

游蚬是北箍江内的重要水产，境域内丰三和丰四生产队几乎每家每户都用淌网到北箍江淌游蚬。20世纪70年代，每逢夏秋时节，从上午10时至下午3时，北箍江边站满淌游蚬的人们；每到晚上，收工的人们将淌到的游蚬洗净放入锅内烧煮后，再通过一口大水缸将游蚬肉漂出来，第二天一早运至刁铺、口岸、嘶马、浦头等集市销售。20世纪80年代后期，受环境等诸多因素的影响，北箍江的游蚬逐渐减少。

山芋往事

引江社区有一部分旱地，在20世纪80年代分田到户前，多数人家会在旱地上种山芋。常栽种的有白心山芋，也有黄心的、红心的，还有紫山芋。一般人家每年能收获几百斤山芋。那时粮食紧张，“早上山芋茶，中午动手拿，晚上还是它”。山芋是人们秋冬的主食品，就连山芋藤上的茎叶也成了人们做饭的材料。将肥壮的茎撕去皮炒着吃，将绿油油的叶当作蔬菜放点大米，加点南瓜之类，煮上一大锅菜粥，虽青苦味扑鼻，但人们还是当作“美餐”。人们还将一些小山芋，甚至山芋藤根部的茎洗净，经过粉碎后和水成浆，沉淀后取出淀粉晒干备用做菜，将山芋渣晒干磨成粉煮粥或掺麦粉做成馒头、疙瘩食用。有些人家将部分山芋切成片，晒成山芋干，留着冬春食用。山芋多了，储存越冬是个难题，家家为此做尽“功课”。有的人家挖个地窖，将山芋储存到恒温的地窖里，不易腐烂。有的人家将山芋储存在锅灶旁，先在地上垫一层草，铺上山芋后在山芋上面加盖一层草，这样山芋不致受冻变坏。后来，随着粮食产量越来越高，山芋只在部分村民的自留地少量耕种，成为人们间或调剂口味的食材。

灭蛾灯

引江社区属水田地区，水稻是秋熟主要作物。20世纪80年代实行家庭联产承包责任制前，水稻多有螟虫害发生。第一、二代螟虫危害小秧和大田秧苗，第三代螟虫危害稻穗，可造成水稻枯萎和白穗，影响产量。村民根据三代螟虫有趋光性的特点，采用夜晚点诱蛾灯的办法灭杀，非常有效。灭蛾灯的做法很简单。在小玻璃瓶盖上装上棉纱做灯芯，瓶里装些灯油。在四周装上玻璃罩，以防风挡雨。白天将一只水缸装上水，倒一点柴油在水面上，置于水稻田埂上。太阳下山了，将灭蛾灯点亮，用三脚架悬挂在水缸上方，灯离水面3—5厘米即可。螟蛾见到灯光就会飞过来，撞落在水缸中，由于有柴油浮在水面，螟蛾的翅膀被粘牢，不久慢慢死去，这样灭蛾的效果就达到了。有些生产队会根据社员缴的螟蛾数量的多少记取一定的工分，以此鼓励社员参与灭蛾工作。此后，随着科学种田，螟虫害明显减弱，灭蛾灯也渐渐淡出人们的视野。

栽桑养蚕

20世纪六七十年代，境域内响应政府号召，平田整地，将北箍江堤岸两侧的部分高田改种桑树，以增加收入。为调动大家的积极性，各生产队将桑园按人头分至各户管理，所产桑叶给自家养蚕，或卖到邻近的故土蚕茧场，所得归各户。从栽种桑树的第二年起，境域内不少人家开始养蚕，而且春、夏、秋三季都养。少的养一张，多的养几张。按照事前各户预定的蚕纸张数，由专人统一从供销社领回，分发至养蚕户。蚕室要通风宽敞，干燥卫生。养蚕人要讲究卫生，蚕架要摆放得疏密适中，蚕匾要经过晒干消毒。小蚕从形似蚂蚁大小到蚕儿上山，要经过四次“眠”。“眠”即蚕周期性蜕皮。蜕皮前蚕不吃不动，像睡眠一样。每“眠”一次，蚕就长大一次。蚕经过四次“眠”后，身体开始发亮，蚕儿就要上山了。把蚕儿轻放到事先用干净的小麦秸秆或稻草茎绞成的“山龙”上，让它结茧。蚕在“山龙”上，从吐丝到结成茧子，大致三五天时间。放“山龙”的屋子必须干净干燥通风，采光好，还要进行一次灭鼠的工作，防止蚕茧被老鼠偷吃。一般每张蚕纸可采五六十斤茧子，当时能卖160元左右。

种双季稻

20世纪70年代，境域内实行耕作制度改革，将原来的稻麦两熟制改为麦稻稻三熟制，即水稻种植由单季稻改为双季稻。双季稻的前季稻全种籼稻，成熟快，产量稳。后季稻以种粳稻为主。由于种植双季稻，播种季节提前，前季稻播种育苗时常常遇到倒春寒天气，影响小秧生长。因此，播种育苗后必须盖上塑料薄膜防冻，提升秧苗池的温度，加速秧苗生长。为了争取季节上的主动，前季稻稻种要做到分批适龄密布，秧龄做到宁短不长，培育嫩壮秧，防止小穗头。村农技员分赴各生产队指导前后季稻的浸种、催芽、落谷、育秧、管护等工作。为了抢季节，在收割前季稻时，割下的水稻来不及在田间晒干，只能即割即捆，随时挑到打谷场上脱粒。后季稻秧苗要足龄稀播，秧龄宁长不短，培育老壮秧，让秧苗栽到大田里能快速成活，防止翘穗头。因此要求秧池面积比前季稻多。后季稻拔秧栽秧季节正是盛夏时节，村民往往凌晨三四点就起床下田，中午烈日暴晒时仍在田间劳作，晚上八点前后才会收工。这样起早贪黑忙约20天，直到后季稻栽结束，社员一般都会瘦掉一圈。种植双季稻成本高，劳动强度大。后季稻生长期不长，如遇降温早的年景，产量不高，所以到20世纪70年代后期，境域内不再种植双季稻。

煨饭

20世纪六七十年代，人们生活普遍很困难，吃饭仍是大问题。农村青壮年在田间干活时间长，劳动强度大。一天三顿喝几碗稀饭，一眨眼肚子就饿了，常常没有力气继续干活。为了让在田间劳作的人干活有力，当家里没空为他们做饭时，就想了一个办法：随手抓上几把米，放进煨罐，加上适量水后，放进灶膛里。煨罐一般是用陶瓷制成，上粗下细，有盖，多数没把手。煨饭时，把罐子大部分埋在灶膛的火灰里，由灶膛余火慢慢加热。两三个小时后，一罐厚粥烂饭的“煨饭”就熟了。家里人拎着煨罐送到田头，干得筋疲力尽、饥肠辘辘的青壮年劳力一见到煨罐，浑身就来了劲儿。打开煨罐盖，香气扑鼻，尝一尝，松软可口。有条件的人家常挑一筷子脂油放在煨饭里，再浇上一点酱油，那更是奇香四溢，让人垂涎欲滴。这些青壮年劳力一阵狼吞虎咽，不需几分钟，一罐子煨饭就下肚了。

加工粮食

旧社会境域内稻麦等粮食一般都经过砻子、碾坊加工后，再用筛子筛，用风车去糠成米或通过磨子磨成面粉。量少时就采用舂臼舂去稻壳成米。新中国成立后，粮食加工有了专门动力机械。20世纪60年代中期，在三圩东建起天如电灌站，配套建有粮食加工厂。境域内各家各户的稻麦均送到粮食加工厂碾成米或面粉。20世纪80年代末期，境域内黄家十圩东黄厚才自购小型拖拉机动力机械，开创走村入户粮食加工上门服务模式。期间，老圩东陈兆其创办挂面加工厂，十圩东黄卜东、十一圩东吴素珍及小圩、二圩、四圩、三圩东、三圩西、丰二、丰四等生产队也相继出现个体水面加工点。1996年，因泰州引江河的开挖，境域内电灌站和粮食加工厂及老圩东挂面厂被拆迁。

露天电影

新中国成立后，电影逐渐进入人们的视野。20世纪50年代起，口岸电影放映队经常送电影下乡，选择乡村空旷的场地，放映露天电影。境域内天如小学就是其中一个放映点。每次放电影，群众闻讯纷纷前往观看，观众千余人。影片多为国产，内容主要是革命故事片、战争片。正片放映前，多加映新闻简报或科教片或宣传幻灯片。有时放映国外影片，如苏联、朝鲜等社会主义国家的电影。20世纪70年代末，高考制度恢复后，境域内每有大学新生录取，学生家长多以放露天电影形式表示祝贺，乡邻开心，主家得意。进入20世纪90年代，口岸电影放映队赴村放电影频次增多，大大丰富了群众的文化娱乐生活。至2023年，口岸街道每年到引江社区开展送电影下乡活动。

故事传说

三一宫旧事

三一宫又称三义宫、西庙，位于引江社区老圩西首，建于清康熙年间。原有殿宇两进六间，厢房六间，占地4亩多。20世纪50年代拆除。三一宫的故事至今使人无法忘却。

化解地方水灾纷争　三一宫地处泰兴与江都两县交界处，两地共用一条杨桥港，是通向长江的排灌河港。一遇特大水涝灾害，两地争先向杨桥港内排涝，纷争不休。1931年7月和1954年8月，发生特大水涝灾害，两地争先排涝，导致上万民众聚集纷争。由于在三一宫东边的低三圩安放了两排进出水用的涵洞，一排是宁都三圩的，一排是江都杨桥的。每次遇排涝纷争，两方管事的领头人都约在三一宫商谈，尼师们端灯奉茶，焚化大香大烛，祈祷上苍止雨救民，协调纠纷，化解矛盾。

红色政权杨桥区公所的临时驻地　1943年至1949年7月，口岸镇济川河（今南官河）西边泰兴县的故土乡、生宁乡、复元乡、双太乡、赵李乡、翟界乡、东万乡、二桥乡和江都县的杨桥乡、嘶马镇均属江都县杨桥区，中国共产党在杨桥区成立杨桥区公所，区领导有洪石君（生宁乡人）、李达（原名栾玉春，生宁乡人）、栾啸平（田河人）等人。杨桥区公所设于嘶马镇，三一宫是其临时驻地和联络点。在抗日战争和解放战争期间，口岸镇和刁铺镇是日伪和国民党军队的盘踞地点，中共秘密党员搜集敌方的情报，向东是送给戴家集的联络员，向西就是送给三一宫杨桥区的联络员。1944年秋的某天傍晚，区领导洪石君、李达、栾啸平等人在三一宫开会，听到低三圩西头放鞭炮的暗号，知道敌人来了。他们走不掉了，就躲在神像龛子底下。为掩护他们，三一宫的尼姑就敬香念经做晚坛功课，她们高声念诵。从刁铺去的汪伪一排人进入庙内，看见尼姑在念经，大叫晦气，拔腿就走了。

渡江部队棉花集中兑换点　1949年4月上旬，渡江战役前夕，渡江的木船上需要大量的旧棉被胎，因为被胎浸水后盖在船头上可以阻挡敌人的子弹。渡江部队动员老百姓用旧被胎兑换从解放军棉衣中拆下来的棉花，三一宫被定为集中兑换点。原定集中兑换的时间为三天，老百姓热情高涨，一天时间就完成任务。不少人送去旧棉花胎后，放弃兑换棉花，说是为大军渡江出一点力。三一宫的房屋和天井里堆满了旧被胎。大军渡江时这些旧被胎起到了防御效果，减少了解放军的伤亡，为大军渡江作出贡献。

黄家大窅的传说

黄家大窅位于泰州引江河西岸，引江社区宁都自然村与通港西路交界处。历史上这里曾是一片很大的水塘，烟波浩渺、深不见底，冬夏不枯。至开挖泰州引江河之前，还有二三十亩水面。泰州引江河开挖时其被全部填埋，当年的痕迹依稀尚存。

相传很早以前，这里居住着蔡、黄两个大户人家，两家都很有钱财，在县里也都有后台，村头有一大塘，两家都要争，互不相让。蔡姓的势力大些，大塘一直归蔡姓所有，人称“蔡家大窅”。

一次，一个外乡人从大窅处经过，不慎落水身亡。死者的家人见蔡家有钱，便想趁机讹蔡家几个钱，于是提出要蔡家出钱偿命。蔡家认为钞票事小、面子事大，坚决不认这笔账。事情越闹越大，后来，死者家属把蔡家告到泰兴县衙。县官认为死者为大，打算判死者一方胜诉。就在此时，蔡家想到了黄家老爹，他们深知黄家老爹能言善辩，在县里势力也不小，便放下身份，上门请求黄家老爹帮忙到庭辩护。对簿公堂时，双方各执一词，判决难下。这时知县询问黄家老爹如何判决，哪知黄家老爹一开口，便把大家弄糊涂了。他说：“这个案子当然应该蔡家败诉。他家既有这么大的水面，为什么不注意行人的安全，为什么不做个盖子把水面盖上。”知县说：“天下哪有这么大的盖子，从哪里去找这么长的木材。”黄老爹说：“这就对了，天下哪有江湖盖盖子的，自己不小心，与蔡家何干。”知县一听，顿时明白了，于是判蔡家赢了官司。从此，蔡家服了黄家。为表感谢，蔡家于是将这片水面让给了黄家。从此，蔡家大窅就被称为“黄家大窅”。

蔡家、黄家为什么要争这块水面呢？原

来，这一带有个神奇的传说。据说整个宁都村的水系像一条龙，大窅是龙的头，从头部向东北方向，一条长约两千米的河道是龙身，龙身两侧伸向各圩的短河和水塘是龙爪，村东北的北箍江是龙尾。以黄家大窅为龙头的这条龙贯穿了宁都全村，谁家占有了龙头位置，谁就占尽了全村风水之先。

明代以前，这里尚处在长江中，后来沙滩渐长，江水退落，黄家大窅就成为长江边的一处港湾，局部地方很深。到了近代，整个宁都村南边全涨成陆地，原先的港湾成了陆地上的一个大水塘，才有蔡家大窅、黄家大窅的名称。

北箍江名的由来

北箍江虽名为“江”，其实就是一条宽约10米的长河。据说明代这里很宽阔，与浩瀚的长江大江口相连，隔大江向南，与镇江北固山相望，故取名“北固江”。因为其形状弯似发箍，因此又叫“北箍江”。

洗觉桥一桥双名

在引江社区与刁铺街道万庄村、蔷薇沟交界处，横跨北箍江，有一座奇特的双名桥，既叫“永安桥”，又叫“洗觉桥”。双名桥是一座呈南北走向横跨北箍江的古石桥，桥面由4块石板拼成，桥下为4根桩柱。桥两头的挡土墙及引桥部分均由同类花岗岩石材建成，所用石材虽经几百年依然完好，没有风化。自古以来，此桥一直是刁铺、江都浦头一带群众往来的重要通道。

这座桥从外形看与境域内其他石桥并无多大差异，特别之处在于该桥有两个名字。站在桥东侧的河岸上，能看到石桥最东边的那块石板侧面刻着“永安桥”三字，站在桥西侧的河岸上，看到石桥最西边那块石板侧面刻着“洗觉桥”三字，两侧桥名的大小和字体相同，很显然是同一时期所刻。这种一桥双名的现象极为少见。

相传200多年前，北箍江是刁铺西部及江都浦头一带人们来往的必经之处，北箍江两岸百姓往来全要靠摆渡，非常不便。桥东

洗觉桥（2024年摄）

南洗觉庵中的慧善师太和当地大善人顾先生看到这种情况，发愿要为百姓做好事，于是共同出资在北箍江上建了一座木桥。木桥竣工前三天，一位风水先生从这里路过，看到桥的位置和周边的地形后，认为桥的建法会“克主”。于是众人向其央求破解之法，风水先生说“一桥双名”可保师太和顾先生平安。于是人们请村里的范秀才题写了两个桥名，刻在桥的两侧。后来果然一切太平，慧善师太和顾先生均长命百岁。

洗觉桥初建时为木桥，经数十年风雨后破烂不堪。清光绪二十九年（1903），境域内乡民严存仁、顾鹤山、严礼堂、陈金邦等人捐资重建石桥。这在当时是一项浩大工程，没有官府统筹，没有机械设备，建桥难度可想而知。洗觉桥现为泰州市唯一的双名桥。

方言谚语

方言

引江社区长期隶属泰兴市，语言主要受泰兴方言的影响，属江淮方言如泰片，没有卷舌音，与海安、如皋等地方言接近。引江社区南与镇江扬中市隔江相望，语言中融入扬中方言的成分，如“淘篓”称为“苕箕”；西与扬州市江都区相邻，语言亦受江都方言的影响，儿化音较多，如“凳儿”“伢儿”；北与泰州相距不远，亦受泰州方言影响，如“河蚌”称“河歪”。

主要方言举例（无本字的用同音字代替）：

自然现象及动植物

霍闪：闪电

丢点儿：下很小的雨

滴点儿：非常小的意思

冻冻钉儿：房檐下结冰柱

落豁豁儿：下大雨

百脚：蜈蚣

扁螂：臭虫

癞宝：蟾蜍、癞蛤蟆

贾蝼：蝉

黄猫儿：黄鼠狼

金瓜：南瓜

齐草：小麦草

牛舌头草：车前草

时间与空间

更朝：今天

明朝：明天

后朝：后天

渣世的：现在、阳间

先年子：前年

后年子：后年

大先年子：再前年

大约莫儿：大概

多一过儿：多长时间

小日中儿：上午九、十点之间

麻麻亮儿：天有点亮或天快亮的时候

这嗨：这里

落头：地方

旮旯：角落

人称与疾患

我叫：我们

你叫：你们

他叫：他们

瓦家：我家

乃家：你家

娘娘：婶婶

男将：已婚男子

女将：已婚女子

小爷：叔叔、小叔叔

相公：对青少年男子的尊称

伢儿：小孩子

嗒子：说话结巴的人

老老：祖父、爷爷

小把戏：小孩子

乖乖肉:对小孩的昵称

句句眼儿：近视眼或近视眼患者

瘪爪疯：霍乱

打摆子：疟疾

饮食及生活习俗

焦屑：炒面、炒熟的面粉

酸粥：用米和菜煮成的咸味粥

元宝：馄饨

晚茶：下午三四点钟吃点心或饭粥

彩儿粥/籾子粥：用麦粉煮成的稀饭

疙瘩儿：汤里粥里的块状面制品

二告粥：上午九十点钟吃的第二顿粥

吃日中：吃午饭

摸河歪：摸河蚌

淌螺儿：用淌网捞螺蛳

出门：姑娘出嫁

老衣：寿衣

拿帖儿：指男女恋爱结婚前送庚帖

闷烫烟儿：水温不高，有一点热的水

生产生活用品

走鞋：布鞋、单鞋

盆篮：较大的竹篮

亮子：水桶

斗篷：斗笠

釜冠：锅盖

钵子：小的缸、盆类器皿

绞布：抹布

落子：用竹篾编做的畚箕形状

料勺：勺形舀粪工具

马子：马桶

结木／进木：杉木

紧身子：紧贴皮肤穿的衣服背心，有时指小棉袄

加布衫：外套、短衣

负篓子：用竹篾编成盛放鱼虾的器具

苕箕：用竹篾编成的淘米小篓儿

钢丝车儿：自行车

爬爬儿／爬爬凳儿：小孩子坐的小凳子

行为性状

波翘：自己把自己当回事

噇牢：狂吃狂喝

哒啪：聊天

打港：随口说重复的话

谈谎：说谎

抖龙：不沉稳，嘚瑟

夯怂：说出格话、做出格事的人，近乎傻

活说：无根据无事实地瞎说、乱说、胡说

结晦：笨，不会做人做事，做事不利落

落心：瞎干、不务正业

发夯：做傻事

做鬼/做关目：装腔作势

犯腔：小孩子调皮贪玩不听话，淘气

犯撬：不讲理，起哄，找茬儿

告诵：告诉

格局：装腔作势或讲究排场

杠丧：吵架

一当：办事稳重成熟，办妥

鹅眼儿：非常小的意思

上苏州：睡觉

扫落头：扫地

吃白大：吃白吃饭

上马叉：马上就死

猝死：对调皮捣蛋孩子的骂语

没相款：不正经的人

冲沟头儿：到处乱跑

叉小沟儿：锅里的食物全部吃光，但肚子还不饱

忑哈来啊：落下来、掉下来

玩花头筋：滑头、玩手段

哈巴郎当/一踏刮子：全部、所有

像个二姨妈（娘）：指男人像女人一样说话办事

日不做夜摸索：白天不好好做事，晚上摸黑做事，做事拖拉

拿人家小麦开磨坊：拿别人的钱物做人情

其他

昂人：烟熏人

昂烟：冒烟

出圈：指猪大可以出卖

格曾：有没有

格是：是不是

妥了：完成，事情办好了；感觉事情不妙时的发语词

料张：可以制作工具、器具、家具的原材料

做什的：做什么、干什么

不作兴：不应该、不允许、不可以

哪教的：谁教的

占候谚语

天象占候谚语

早看天顶穿，晚看四脚悬。

日落火烧云，明朝晒煞人。

早上乌云盖，无雨风也来。

日落云里走，雨在半夜后。

一星保夜，三星保天下。

太阳现中，屋上烂洞。

天上鲤鱼斑，明日晒谷不用翻。

朝霞不出门，晚霞行千里。

早起烧霞，等水烧茶；晚上烧霞，热煞蛤蟆。

日落胭脂红，无雨也起风。

东闪太阳西闪雨，南闪空，北闪风。

东虹太阳西虹雨。

出现钩钩云，不久雨来临（三日之内）。

日晕三更雨，月晕午时风。

九月南风一天半，十月南风等不到暗。

春东风，雨祖宗。

三个南风有个怪，三个北风有个晒。

热极生风，闷极生雨。

秋天无雨北风多，起到南风是雨窝。

春霜难过三日雨，三日春霜旱到底。

星密密，明天热。

星星动，大风送。

雷公先唱歌，有雨也不多。

雷声当头响，有雨也不长；雷声四边天，阴雨要相连。

久雨不晴，雷响雨停。

久晴大雾阴，久阴大雾晴。

春雾暖，夏雾热，秋雾凉风，冬雾雪。

长阴不过二十五，过了二十五，再从头上数。

两春夹一冬，麻布好挡风。

物象占候谚语

蚂蚁搬家，必有雨下。

鸡迟宿，天阴雨；鸡早宿，天气好。

蛇过道，雨来到。

伤疤痒，听雨响。

壳螺螺，爬上岸，不是涝，就是旱。

燕子低飞有雨到，燕子高飞天气好。

鱼哇子：早哇阴，晚哇晴，中午哇得雨淋淋。

狗啃青：早啃晴，晚啃阴。

蚊子聚堂中，明朝戴斗篷。

蚯蚓当道，晴变雨到。

田螺浮水面，风雨在眼前。

咸菜还潮，天要变。

鱼在水面跳，大雨就要到。

蛆爬厕所边，天气要作变。

水底生青苔，要有大雨来。

水乡风貌（2024年摄）

圩田留踪

引江社区地处南官河以西，历史上因处于长江之畔，属于典型的沿江沙洲地区。明清以来，先民到此选取高地，前后挖沟，取土填入高地用作宅基地，筑室定居，沟外围田垦荒，种植庄稼，逐渐形成独特的圩田风貌。经过长期发展，这里逐渐形成等十多个圩区，分属宁都自然村（宁都片区）和天如自然村（天如片区）。

1996年，因泰州引江河开挖及沿江高等级公路（长江大道）的修建，全境域约有四分之一的住户搬迁，旧有的圩田格局被打破，但圩田情结在社区居民特别是迁出的居民脑海中一直挥之不去。

宁都圩区

宁都圩区

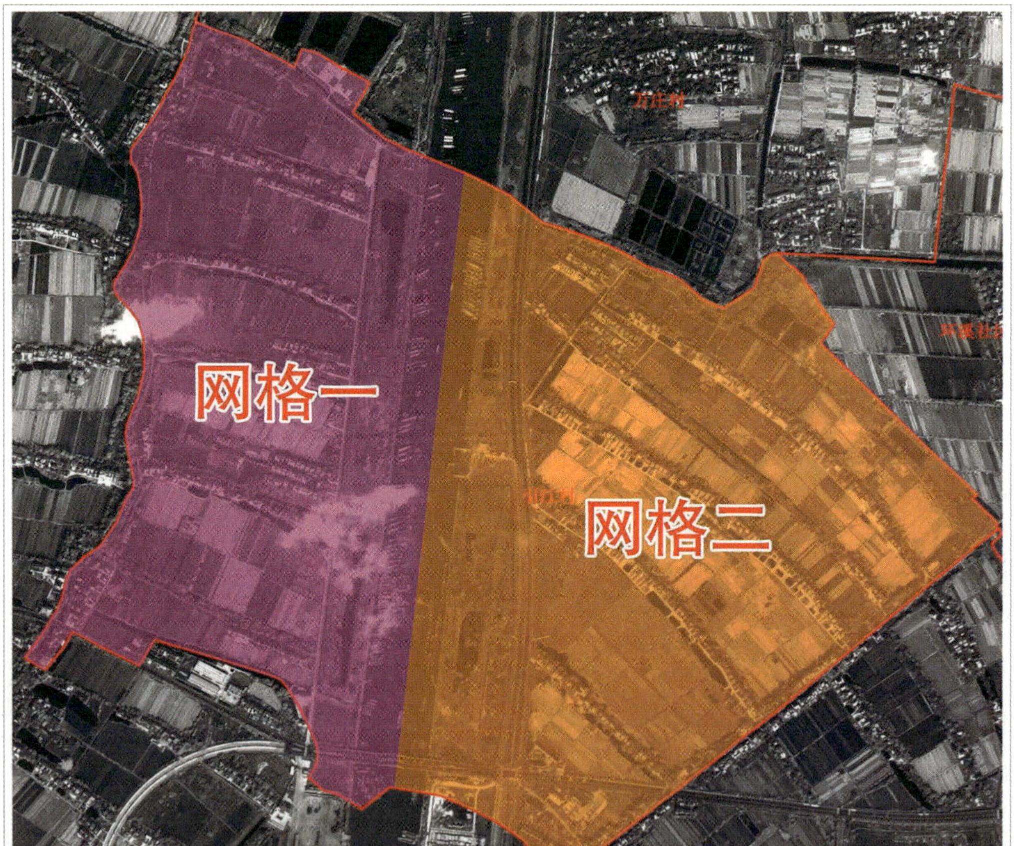

引江社区网格化管理示意图（网格一为宁都圩区，网格二为天如圩区）

1957年，天如联社宁都分支成立，其时，宁都分为宁都片和丰盛片，黄家十圩向南为宁都片，十五圩称为丰盛片，至今有丰一、丰二、丰三、丰四组。因临近江都而得名，最早写作“临都”，取“宁”有安宁之意，约定俗成称为“宁都”。人民公社化时期称为宁都大队。1983年，实行“政社分开”行政体制改革，公社改为乡、镇，各生产大队改为村，宁都大队改为宁都村。2001年，宁都村与天如村合并为引江村后，遂成为引江村的宁都片区，即宁都自然村。2010年引江社区成立后，成为引江社区下属宁都片区。

宁都自然村所含圩区包括甲圩、老圩、三圩、十圩、十五圩。

甲圩

甲圩又称小甲圩，亦称九甲圩。甲圩的来历有两种说法。一种是该圩虽小，但有黄、杨、张三姓，姓氏颇杂，称做杂圩。“杂”在方言中发音与“甲”类似，后演变称甲圩。另一种说法是甲圩成圩较早，在周边各圩成圩时间上数“第一”，故称甲圩。该圩在引江社区西南，与扬州市江都区大桥镇杨桥村交界。圩区居民由南向北沿杨湾港岸居住。省道江平公路穿圩而过。有耕地45.1亩，户籍数21户，户籍人口93人。张世旺夫妇是甲圩立家较早的住户，其妻万梅香人称“接生奶奶”；华礼福父子是当地有名的瓦工。

老圩

老圩又称翁老圩，亦称母子一圩，位于甲圩以北，东西走向，西距甲圩约200米，分为老圩东组、老圩西组。有耕地118.47亩，户籍数61户，户籍人口215人。主要姓氏为翁，该圩因翁姓而得名。

老圩西组有32户，主要姓氏有翁、陈、蒋。陈书高为中学特级教师，曾任江苏省泰兴中学副校长。陈书华曾任兴化市检察院检察长。老圩东组有29户，主要姓氏有陈、顾，因泰州引江河开挖有半数居民离开原宅基地，异地重新置业。陈怀春为全国恢复高考后境域内第一位大学生，曾任中国电子科技集团公司第十四研究所总工程师。

三圩

三圩又称低三圩，坐落在翁老圩与十圩之间，南有甲圩、老圩，北有十圩、十五圩。称低三圩是指地势低洼，该圩是原宁都村五个自然村庄的锅底塘。旧时，此处易受涝灾，较其他村落生活更为贫困，境域内曾流传着这样一个说法：拾到低三圩的田契纸要霉三年，姑娘嫁到低三圩要跺三脚。1954年发大水，三圩的庄稼颗粒无收。如今三圩西有电灌站，东有泰州引江河，水系发达，排涝方便，能做到旱涝保丰收。三圩分为三圩东组、三圩西组。有耕地85.66亩，户籍数48户，户籍人口177人。主要姓氏有周、陈、孙、黄、韩、张。三圩东组有29户，三圩西组有19户。三圩东组的黄春华为原宁都村任职时间最长的村支书。三圩西组的陈来凤家庭的孙女和外孙均毕业于复旦大学。

十圩

十圩又称黄家十圩，位于低三圩与十五圩之间，与两圩各相距约200米，清代以黄姓为主，黄家十圩因此得名。清后期又有张姓、姚姓、严姓、薛姓迁入。相传清代黄姓祖先黄金鉴为乡中名流。十圩分为十圩东组、十圩西组。有耕地95.08亩，户籍数59户，户籍人口222人。

十圩东组住户因泰州引江河工程建设整体拆迁，引江社区征用十圩西组部分农田、十圩东组的农田作为十圩东组拆迁户新的宅基地，大部分拆迁户在新的宅基地建房居住，另有部分村民到高港城区买房。该组有26户，主要姓氏有黄、周、严、常。

十圩西组属于未被拆迁的组。部分农田用作十圩东组部分拆迁户的宅基地。该组有33户，主要姓氏有张、姚、陈、孙等。其中张姓有三宗，均属同姓不同宗。张姓中的张竹山荣获“中国好人”、江苏省首批“百名示范”村书记等称号，姚姓中的姚公庆为有名的木匠和生意人。

十五圩

十五圩位于引江社区西北角，因与刁铺街道陈吉庄村之间曾有一座丰圣桥，故在初级社时称为丰圣片，该圩东西走向，有4个居民小组，由东向西分别为丰二组、丰一组、丰三组、丰四组。有耕地190.47亩，户籍数123户，户籍人口499人。主要姓氏有窦、马、丁、严、陈、韩、季、范、杨、沈、霍、吕、朱。

丰一组大部分住户因泰州引江河工程

引江社区老圩东组（2019年）

引江社区三圩西组（2020年）

建设被拆迁，有31户，主要姓氏有窦、马、丁、严、陈、韩、季。陈姓中的陈献华创办的刀剪厂后来发展为高港区的列统企业——泰州市华强照明器材有限公司。

丰二组在泰州引江河工程建设中被全部拆迁，全体住户均搬迁至天如自然村十六圩开辟新的宅基地，属异地置业居住，原住宅地全部没入泰州引江河中。该组有21户，主要姓氏有杨、霍、沈、吕、范。

丰三组部分住户在泰州引江河工程建设中被拆迁，拆迁户在原居民小组异地置业。该组有33户，主要姓氏有范、陈。范姓中的范庭波、聂宝清夫妇获得博士学位。

丰四组属于未被拆迁的组，有38户，主要姓氏有丁、朱、孙、祝。

宁都圩区全貌（2024年摄）

天如圩区

天如圩区

引江社区二圩西组居民选择安置房（2010年摄）

1957年，天如联社天如分支成立，其时，天如分为天如片和双丰片，四圩向南为天如片，十一圩向北为双丰片。人民公社化时期称为天如大队。1983年，实行“政社分开”行政体制改革，公社改为乡、镇，各生产大队改为村，天如大队改为天如村。2001年，天如村与宁都村合并为引江村，天如村遂成为引江村的天如片区，即天如自然村。2010年引江社区成立后，成为引江社区下属天如片区，主要的自然村庄由南向北有小圩、二圩、四圩、十一圩、十六圩、廿一圩，主要姓氏有管、沙、王、栾、严、吴、顾、高、孙、翟、韩、薛、凌、陈、陆、包、罗等。

小圩

小圩又称管家小圩，位于天如自然村的最南端，由于管姓最早入住而得名，又由于圩形较短，称小圩。因泰州引江河工程建设，原沙小圩沙姓迁入管家小圩居住。小圩无耕地，户籍数24户，户籍人口95人，主要姓氏有管、沙、王。

二圩

二圩位于管家小圩以北约150米，分为二圩东组和二圩西组。有耕地83.79亩，户籍数80户，户籍人口289人。二圩东组有35户，主要姓氏有严、吴、翟、孙、顾、高等。严姓中的严佳朗曾担任天如村主要干部。严梅俊曾任上海宝钢集团副总经理。二圩西组位于管家小圩以北约200米，该组大部分住户因泰州引江河工程建设被拆迁，在沿江高等级公路（长江大道）建设中再次被拆迁，拆迁户大多在高港城区水岸帝景小区置业。该组有45户，主要姓氏有翟、孙、吴、朱。

四圩

四圩又称韩家四圩，以韩姓最早入住而得名，距离二圩近200米，东西走向，分为四圩东组和四圩西组。有耕地222.46亩，户籍数71户，户籍人口291人。四圩东组有39户，主要姓氏有韩、罗、王。四圩西组因泰州引江河工程建设拆迁住户过半，原住户异地置业，有32户，主要姓氏有韩、孙、薛、陈。

十一圩

十一圩位于四圩以北200米左右，该圩比较长，有3个居民小组，由东向西依次为十一圩东组、十一圩中组、十一圩西组。有耕地275.66亩，户籍数85户，户籍人口333人。主要姓氏有顾、马、薛、罗、石、王、陈、孙、凌。十一圩东组常住户有38户，主要姓氏有罗、马、顾、孙。顾姓中的顾明鉴、顾盛业父子分别为当地的实业家和知名教师。十一圩中组常住户有33户，主要姓氏有顾、薛、孙、韩。十一圩西组位于四圩北约200米，泰州引江河开挖前与原宁都黄家十圩东相邻，常住户有30户，主要姓氏有顾、孙、凌、杨、王。

十六圩

十六圩位于十一圩以北100米左右，原是一片空地。后因十一圩东组宅基地紧张，迁出部分住户至该圩东部。十一圩西组也因宅基地紧张，迁出2户住户至该圩西部。十六圩未设独立的村民小组。

廿一圩

位于天如自然村最北端，与刁铺街道赵家庄接壤，分为双一组、双二组。有耕地224.85亩，户籍数69户，户籍人口267人。双一组有33户，主要姓氏有石、凡、杨、吴、黄、陆。双二组有36户，主要姓氏有吴、陈、栾、包。吴姓中的吴学盛曾任原广州军区空军装备部部长，军衔少将。

引江社区二圩东组（2024年摄）

天如圩区全景（2024年摄）

8 人物

引江社区虽小，但近百年来出现过很多名人乡贤。他们有的经营有道，有的创业有方，有的一心为公，有的事业有成，有的著书立说，有的教书育人，有的在国际证券领域崭露头角，有的是国际医学界颇有建树的专家。恢复高考制度以来，引江社区累计有大学本科以上毕业生近300人，他们走向祖国的不同岗位，为社会主义现代化事业增光添彩。

引江社区“奋进牛”雕塑（2024年摄）

人物传略

顾明鉴（1894—1943）

字月湖，引江社区十一圩东组人，实业家。早年随父做土地生意，以五亩田起家，大量购置江边滩地，围垦开发，有的土地出租，有的变卖。顾明鉴成家后，除子承父业，从事土地生意外，还经营生猪生意，通过水路把当地的生猪贩运到上海，赚取差价。其经营理念与众不同，当上海生猪销路特好时，他往往休息，当看到上海生猪滞销时，他在苏北大量低价收购生猪，待价格上涨时抛售，每次都能盈利。从十一圩到口岸、永安、扬中一带均有顾家的土地，多达1000余亩。顾明鉴虽有大量家产，但生活上节俭，穿普通布衣，从不浪费粮食。他对乡邻十分照应，常施赠米、肉。这一善举持续了几十年。顾明鉴父子还出资购置一台“水龙”（铜制救火工具），为民防火。

顾盛业（1911—1969）

引江社区十一圩东组人，教师。早年在上海就读大学，毕业后回乡与乡贤石高岭等人筹办十五圩小学。变卖祖上留下的几十棵百年银杏树，用作建校经费。20世纪50年代初，其在十五圩丰三组建房屋20间作为教室，从小学一年级至六年级招生200多人。学生主要来自境域内各村，少数来自江都杨桥、季家圩。除变卖祖产筹资办学外，他还把家中的太师椅、书桌等搬到学校用作办公用具。1956年，该校迁到天如小学，他亦被泰兴县教育局调至许庄小学任教导主任，直至去世。对家庭困难的学生，他常常帮助添支学杂费，有时甚至将自己的口粮分给学生。他的学生遍布口岸、刁铺、许庄以及毗邻的江都杨家桥等地。

姚公庆（1913—1998）

引江社区十圩西组人，实业家。姚公庆自幼家境贫寒，未受过文化教育，但头脑聪慧，思维敏捷。姚公庆一生经过商，做过手艺，办过企业。人民公社成立之初，集体种田灌溉，没有电力，全靠人力车水。他抓住商机，成立农机具加工作坊，专为各生产队生产水车设施，盈利颇多。经过数年打拼，姚公庆与他人合伙创办口岸农具厂、江都杨桥新华农具厂（车木厂），吸引周边许多青年进厂务工。20世纪70年代，他将镇江丹阳的木材贩运到刁铺出售，同时，雇人制作筛子，销售到镇江糖果厂。改革开放后，姚公庆组建建筑施工队，帮助周边农户建房，开办木器加工厂，生产中式床、西式床、办公桌、三门橱、组合式家具等木器家具。受其影响，周边木匠纷纷效仿，当时宁都大队的个体家具制作点如雨后春笋般兴起。在他的带动下，一批村民收入提高，生活得到改善。他乐善好施，在物质匮乏的年代，帮助若干家庭渡过难关。

严佳朗（1926—2015）

引江社区二圩东组人，基层干部。20世纪50年代初加入中国共产党，1952年起，历任合作社主任、故土乡副乡长，天如小公社民调委员。天如小公社撤销后，任天如村党支部书记。1978年10月，调至口岸镇农村电力管理站任站长。冬闲时是兴修水利的时光，他以领队身份先后十多次参加苏北灌溉总渠、江都抽水站等国家级、省级水利修建工程。他善于做群众工作，调解村民之间的矛盾时，他总是心平气和，耐心说服。20世纪六七十年代，他鼓励大家养猪、养羊、养鸡鸭，鼓励大家捞鱼摸虾，鼓励家庭开作坊、做手艺。1962年，在经济困难的时期，许多村民拿自己做的筛子等去外地换面、换米以度饥荒。有一年夏收夏种时节，镇上连夜召开会议强调抢收抢插，要求连夜收割麦子。当时，麦子尚未完全成熟，如果收割损失太大了，他冒着被撤职的风险，坚持让麦子完全成熟后再收割，将损失降到最低。

黄春华（1930—1989）

引江社区三圩东组人，基层干部。幼时家境贫寒，父母早亡，读过几年私塾。天资聪明，为人灵活，善于沟通。新中国成立后，在家从事农业劳动，积极参与互助组、合作社工作。由于表现突出，先后在生产大队担任副大队长、大队长，大队党支部副书记、书记。人民公社成立后，继任宁都大队大队长、大队党支部书记。天如小公社成立后，任小公社监委书记兼宁都大队党支部书记。天如小公社撤销后，复任宁都大队党支部书记、革委会主任。1984年，调任口岸镇排涝站站长。在他担任大队主要负责人的20多年里，带领广大群众平田整地，兴修道路、渠道、水电站，把一个靠天收的穷大队所辖的高低不平的低凹地，改造成旱涝保收的鱼米之乡。他经常深入田间地头，从事农业生产，学习科学种田知识。他讲究农业的精耕细作，追求粮食稳产、高产，经常到各生产队了解生产进度，指导生产队工作。

朱之发（1938—1979）

引江社区丰四组人，泰兴县文教局干部。出生在贫寒家庭，自幼聪明伶俐，勤奋好学。从口岸中学毕业后，考入扬州师范学校。在校期间，品学兼优，以优秀的成绩完成学业，毕业后分配到泰兴县文教局工作。他工作认真严谨，文字基本功扎实，对教育教学的认知有独到之处，三年后即任泰兴县文教局教编组组长，撰写的多篇论文在省、市报纸杂志上发表，不久任泰兴县文教局教研室主任。他特别关心家乡的孩子读书和年轻人的成长。20世纪60年代，国家经济困难时期，物质匮乏，他和夫人虞新珍（永安洲人，在泰兴师范学校工作）节衣缩食，用节省的钱粮资助家乡困难学生。有时借书信夹带一两元或三五元以供困难学生读书和生活。他废寝忘食地研究教育教学工作，经常被县委、县政府抽调写材料。由于积劳成疾，于1979年离世。

陈书高（1939—2014）

引江社区老圩西组人，中学语文特级教师，江苏省泰兴中学原副校长。自幼喜爱读书，学习勤奋。1958年，毕业于泰兴中学高中部。1962年，毕业于扬州师范学院中文系。毕业后，分配到泰兴中学任教直至退休。在工作期间，他尊重领导，团结同事，刻苦钻研业务，教学实绩突出，受到领导同事的一致好评。曾担任语文教研组长；1979年，担任校教导主任；1982—1999年，任分管教学的副校长；1984年，加入中国共产党。担任副校长期间，他做好教学管理的同时，坚持从事教学工作。学校高考成绩多次在省内名列前茅，1989年，高考成绩为全省第一。1991年，他获得“扬州市先进教育工作者”称号。1994年，被评为江苏省中学语文特级教师。

吴学盛（1941—2023）

引江社区双二组人，空军少将。1955—1961年，就读于上海北虹口中学。1961年7月，被保送到哈尔滨军事工程学院空军系。1967年，从空军工程学院机械专业毕业后，被分配到上海空二师六团机务中队。1973年，任副中队长。1974年，参加西沙之战。1976年，担任中队长。1978年10月，担任副大队长，12月，担任副团长。1979年，参加对越自卫反击战。1980年3月，任某军机务处主任。1981年3月，任空军某师机务处主任。1983年，任某军工程部副部长。1988年，任该军工程部部长。1990年6月至2000年12月，任原广州军区空军工程部部长、装备技术部部长、装备部部长。1993年7月，晋升空军少将。2000年2月，在广州退休。

人物简介

周玉琢

1944年8月出生，引江社区三圩西组人，高级工程师、执业药师。1963年，考入北京大学生物学系生物化学、生物物理专业学习，学制6年，1969年7月本科毕业。1970年至1980年9月，在安徽铜陵有色金属公司第二冶炼厂工作，历任车间技术员、车间党支部副书记、车间副主任。1980年10月至1988年10月，在国营泰兴磷肥厂任生产厂长、厂长，期间，湿法磷肥生产工艺获县科技一等奖，工厂被评为化肥行业全国红旗单位。1988年11月至1996年10月，在国营泰兴染料化工厂任生产厂长、分厂厂长，参与创建泰兴沿江化工开发区（现为省级泰兴经济开发区）。1996年11月至2004年8月，在扬子江药业集团有限公司任新品开发部部长、药物研究所所长。先后主持和组织研发出多个国家级新药，为扬子江药业的发展、腾飞做出贡献。

严梅俊

1945年出生，引江社区二圩东组人，教授级高级工程师。1961年，考入泰兴中学。1964年，被同济大学录取，就读于建筑工程系。1969年毕业后，志愿到攀枝花钢铁公司工作。1974年春，他和爱人被冶金部调至武汉钢铁公司，从事一米七轧机工程安装调试。这套设备是国家用外汇从西德和日本购得，在和德方专家合作期间，德方专家常夸赞严梅俊的工程技术。1979年夏，他和爱人随中国十九冶集团有限公司进入宝山钢铁公司，宝山一号高炉技术是日本的，他白天在工地指挥工作，晚上回宿舍自习日语，后来的工作中，能熟练地应用日语与日本专家交谈。1990年，到中央党校学习后，严梅俊被冶金部任命为宝冶建设的常务副总经理。由于在建设宝山钢铁公司的过程中做出贡献，1996年，他被冶金部评为全国优秀项目经理。1997年，享受国务院政府特殊津贴，同年被评为教授级高级工程师。2000年后，宝钢建设告一段落，他被调至武汉钢铁公司从事第二个热轧工程，后来到太原钢厂、湖南湘钢涟钢等企业指导技术。2005年，60周岁的他率队到湖南娄底修建钢厂，以支持革命老区建设，在那里他又埋头苦干5年才退休。

陈献华

1953年2月出生，引江社区丰一组人，企业家。1973年，陈献华在宁都十队创办刀剪厂，历任刀剪厂会计、供销员、厂长。1984年，他将工厂迁至口岸镇蔡滩村并扩大生产规模，除生产刀剪外，还从事刀和特种锁具生产。1989年，他将工厂迁址泰高公路东侧（今扬子江药业集团有限公司凯旋门北侧），企业升格为镇办企业。2000年，企业改制为民营企业，后迁至口岸畜林场。此间，他锐意企业转型，将产品由刀剪、特种锁具转为节能灯芯柱、杜镁丝新光源材料。2002年，工厂迁至泰州市滨江工业园区，企业更名为“泰州市华强照明器材有限公司”，继续从事节能灯芯柱和杜镁丝新光源材料及锂电池生产。年产节能灯芯柱13亿支，成为全国节能灯芯柱生产的龙头企业。2004年，企业迁至高港高新技术产业园区，占地208亩，建成厂房3万平方米，除继续生产节能灯芯柱、杜镁丝新光源材料外，还开发生产新能源灯具LED灯，年产值3亿元，成为国家高新技术企业。2010年，陈献华获得“高港区劳动模范”称号。2018年，获得“高港区功勋企业家”称号。企业做大后，陈献华不忘家乡，先后捐助引江社区修建4条南北走向的大道，帮助贫困乡邻。

陈怀春

1956年5月出生，引江社区老圩东组人，研究员级高级工程师。1974年，在口岸中学完成高中学业。1977年，考入华南工学院，为恢复高考制度后的首批大学生。1982年1月毕业，分配至四机部十四所工作至退休，先后任助理工程师、工程师、高级工程师、研究员级高级工程师。2016年，按行政正处、技术正教授级退休。退休后，被南京航天标准化工业技术研究院有限公司聘请为总工程师。他参与《雷达综合技术保障工程》一书的编写，担任全书副主编。撰写数十万字《共性技术培训教材》，作为信息产业部质量师、设计师上岗培训教材。参与《可靠性技术培训教材》的编写，他独立编写其中3章，该书为国防工办设计师、质量师上岗培训教材。在公开刊物发表论文13篇。先后被任命为十四所可靠性工程室主任、试验室主任，系信息产业军工电子装配可靠性工程技术中心专家。

朱　红

女，1971年6月出生，引江社区丰四组人，中国药科大学国际医药商学院党委书记。1992年，扬州师范学院中文系本科毕业。2006年，在南京大学获得教育学硕士学位。1992年8月至1993年7月，在扬州教育学院中文系任教。1993年8月至今，在中国药科大学工作，历任校团委副书记、学生处副处长、药学院党委书记、国际医药商学院党委书记等职，后任南京市鼓楼区政协委员。

薛恒山

1952年10月出生，中共党员，引江社区十一圩中组人，退役军人。1970年12月入伍，1973年10月加入中国共产党，历任52822部队班长、代所长。1985年1月，因其革新的节油点火器获得科技成果奖，被授予二等功。还曾获三等功3次。1987年1月复员，至泰州盐业公司（高港批发部）工作，

2012年10月退休。

丁晓文

1973年10月出生，引江社区丰四组人，企业高管。在口岸中学完成高中学业。1992年9月，考入中国人民大学工业经济系。1996年7月，获得经济学学士学位。1999年9月至2002年7月，就读于北京大学光华管理学院，获得工商管理硕士学位。他历任保利房地产开发与工程建筑公司（后更名为保利建设开发公司）总经理办公室副主任，中国银河证券有限责任公司投资银行总部副总监，瑞银证券有限责任公司投资银行部副主管、联席主管，香港瑞士银行亚洲投资银行部董事执行委员会委员、总经理，天风证券股份有限公司副总裁，招银国际投资银行副主席、董事总经理等职。曾参与中国证监会新股发行体制改革，参与科创板以及创业板，公司债、优先股等金融产品的制度设计工作。2007年，丁晓文担任签字保荐人的中国石油A股IPO（首次公开发行），融资金额高达668亿元，是当年全球最大的IPO项目。

朱　彤

1974年5月出生，引江社区丰四组人，助理教授。1996年，浙江大学生物医学工程及仪器专业本科毕业后，被分配至上海华东医院核磁共振科室工作。3年后，到北京协和医科大学生物医学工程专业攻读硕士学位。2002年硕士研究生毕业后，考入美国罗切斯特大学继续攻读生物医学工程专业核磁共振方向。2009年3月，获得博士学位后留校担任医学院放射科助理教授。2013—2015年，他在密歇根大学安娜堡分校医学院放疗科进行3年的临床放疗物理住院培训。2016年2月至今，他在美国北卡罗莱纳大学教会山分校医学院担任助理教授，从事核磁共振成像技术在肿瘤放疗治疗中的临床应用、科研和教学。

副高级以上职称名录

老圩东组：陈怀春（高级工程师）

老圩西组：朱炜丹（女，高级工程师）、翁荣生（主任工程师）、倪素云（高级分析师）

十圩西组：张和平（中学高级教师）

丰四组：朱彤（教授）、朱红（女，研究员）

二圩东组：严梅俊（教授级高级工程师）

二圩西组：朱江红（教授）

四圩东组：韩宏斌（高级工程师、一级建造师、副总工程师）

十一圩东组：石广东（主任医师）

十一圩中组：孙蓉（女，教授）

双二组：陈萍（教授）、徐桂明（教授）

大学生名录

大学本科生名录

甲圩组：华璐（女）、杨海霞（女）、杨翠（女）、杨芮（女）、华雯洁（女）、张心宇、杨海燕（女）

小圩组：顾善龙、张向英、郭亮、郭玮璐（女）、肖蕊（女）、孙闻宵

老圩东组：陈怀春、陈晨、陈健、陈婷（女）、陈海峰、陈雨凡（女）、陈星宇、陈旺

老圩西组：翁正岭、翁志兵、翁羽、翁翔、翁志文、翁莲玉（女）、陈龙、陈佳敏

（女）、翁志伟、陈雨萌（女）

二圩东组：严梅俊、严怀志、严欣（女）、张成、严露（女）、严倩（女）、严崟、严若尘（女）、严雯（女）、严维康、孙飞、张雯（女）、张静（女）、高薇薇（女）、罗翀、孙凯翔、严宇奇

二圩西组：吴军明、朱亚峰、朱佳、翟艺敏（女）、黄枭、吴纪欣（女）、孙锦（女）

三圩东组：韩力、陈茜（女）、韩剑、叶丽（女）、黄国振、吴杰、孙鼎、吴佳慧（女）、李涵子（女）

三圩西组：周玉琢、陈楷、陈余良、孙飞、孙震、陈庆杰

四圩东组：韩宏斌、罗浩、罗啸、王子文、韩丽（女）、韩志伟、韩亦菲（女）、韩玲（女）、韩蓓（女）、韩蕾、王玉（女）、翁青（女）、王欣（女）、罗萍（女）、韩亮、黄星茹（女）、韩欣妤（女）、陈宇杰、韩嘉怡（女）

四圩西组：韩高文、薛振、薛皓、薛安高、薛玉蝉、孙静娴（女）、孙晨融（女）、韩炼栋

十圩东组：黄蓉（女）、马镓鑫、黄永锁、周慧颖（女）、周莉雯（女）、周振宇、黄康

十圩西组：张青（女）、张颖（女）、张倩（女）、姚童建、张维佳、孙雨（女）

十一圩东组：罗敏、罗一鸣、罗卫群、王昕、顾振鹏、顾婷（女）、石宇、石广东、石轶凡、石逸飞、陈颖（女）

十一圩中组：薛雨非、顾高永、顾高坚、张楚楚（女）、薛庆文（女）、薛峰、薛兰

（女）、薛融、孙永生、王飞、薛鹏、薛信涛、孙涛

十一圩西组：孙申、孙坚、凌悦、顾慧（女）、顾洁（女）

丰一组：严维山、严维高、严溢、马增燕（女）、严娟（女）、陈龙、韩新旭、马一鸣

丰二组：吕睿、范建林、杨勇

丰三组：范庭波、范文、范凯毓、袁佳茜（女）、范唯、陈欢（女）、朱长江、范世程（女）

丰四组：丁晓文、朱红（女）、朱彤、丁阳雨（女）、朱晨、梅婷（女）、朱峰、孙燕（女）、孙文、丁一辰、丁逸飞、丁颖（女）

双一组：石玉（女）、石天一（女）、陈铭实、陆雅欣（女）、吴昊杨

双二组：陈泽宇、陈敏、陈庆华、栾婷（女）、吴季羽、吴镇宇

研究生名录

甲圩组：杨翠（女）、杨海燕（女）

小圩组：顾善龙、张向英、郭玮璐（女）

老圩东组：陈海峰

老圩西组：翁正岭、陈龙

二圩东组：严欣（女）、张成

三圩东组：韩力、陈茜（女）

三圩西组：孙艳（女）、陈楷、孙飞

四圩东组：王子文、韩葆昙（女）、罗啸

四圩西组：孙悦欣（女）、孙晨融（女）、薛振

十圩东组：周莉雯（女）、黄蓉（女）

十一圩东组：罗敏、罗一鸣、石轶凡

十一圩西组：孙申、顾洁（女）

丰三组：范庭波

丰四组：丁晓文、丁阳雨（女）、丁逸飞、丁颖（女）

双二组：栾婷（女）

大事记

清

康熙年间

境域内属泰兴县口岸巡检司管辖，位于口岸巡检司西北。

雍正十三年（1735）

泰兴县设四辖，其中以口岸巡检司所治之地为口辖，境域内属口辖。

光绪年间

境域内属泰兴县口辖的故土下匡。

中华民国

1912年

改行市、乡自治制，泰兴县划分为11个市、16个乡，境域内属口岸乡。

1930年

浦启公路（南京浦口至南通启东）泰兴县城至口岸段建成通车，途经境域内，境域内段俗称通扬公路。

1934年

推行保甲制。泰兴县设8个区，下设乡、保、甲。境域内为第七区故土乡五保、六保、七保、八保。

1946年

四圩东首顾氏宗祠内建立故土乡国民小学校，为初小。

1948年

11月28日　中国人民解放军攻占口岸镇、刁铺镇。翌年，正式接管口岸、刁铺二镇。

境域内为泰兴县第七区故土乡的五保、六保、七保、八保。

1949年

3月　渡江战役前，中国人民解放军第三野战军一部驻扎在境域内各村落，进行渡江前训练。

中华人民共和国

1950年

8月　故土乡五村、六村、七村、八村（今引江社区）开始土地改革工作。

故土乡国民小学校（初小）迁往、并入十五圩小学，增设五年级、六年级，为完小。

1957年

9月　实行大乡制，境域内为刁铺乡天如联社，设天如、宁都两个分支。

1958年

10月　成立口岸人民公社（辖口岸、田河、刁铺、许庄境域）。境域内为口岸人民公社故土大队的天如营、宁都营。

1960年

在天如十一圩西创办民办初级小学一、二年级。

1963年

5月　口岸区天如人民公社成立。

1964年

宁都三圩东组建电灌站。

十五圩小学迁往泰兴县天如小学。

1969年

11月　撤销天如公社，恢复大公社建制，天如大队、宁都大队属口岸人民公社。

赵泰支港裁弯取直，顾氏宗祠被拆。

天如小学被拆除，迁往四圩西，更名为“四新小学”。

1972年

开展农业学大寨运动，实行劳动定额大寨记工制，社员出工记工分，实行自报公议确定工分值。

1973年

宁都大队范朝荣、陈献华在十圩东创办泰兴县口岸刀剪厂。

1976年

四新小学恢复原名“天如小学”。

1977年

恢复高考，境域内大批学生陆续考入高等院校，成为国家建设发展的有用人才。老圩东生产队陈怀春当年考入华南工学院。

1982年

农村实行土地承包，各生产队土地按农户分配承包地。

1983年

7月　公社改为乡、镇，生产大队改设为行政村，生产队改为村民小组。境域内设天如村、宁都村，属口岸镇管辖。

1987年

天如村陆学春从上海引进技术人员，在境域内创办泰兴县美术工艺品二厂，生产圣诞礼品。

1995年

11月25日　泰州引江河试挖段开工，陈焕友、郑斯林等省领导出席开工仪式。

1996年

因开挖泰州引江河，境域内有11个小组的全部或部分村民拆迁。有1/4的居民重新安置居住。

口岸镇故土村于南官河西侧建村自来水厂，原天如村民喝上故土村自来水厂的自来水。

天如村、宁都村被评为电话小康村。

1997年

4月　境域内天如村、宁都村随口岸镇划归泰州市海陵区管辖。

8月　泰州市高港区经国务院批准正式成立，境域内天如村、宁都村随口岸镇划归泰州市高港区管辖。

天如小学迁至二圩东首西南面、江平路西侧，用开挖泰州引江河的土填高地基，新砌天如小学校舍。

1998年

12月28日　泰州引江河正式通水，泰州引江河高港枢纽船闸正式通航。省领导陈焕友、季允石等出席通水、通航仪式。

1999年

高港大桥北侧、南侧桥面先后建成通车。

2000年

引江村十圩西张竹山创办高港区首家奶牛养殖场。

2001年

4月　天如村、宁都村合并为引江村。天如小学辅助用房用作引江村委会办公室。

引江村投资40万元建村办自来水厂，为引江村泰州引江河西9个村民小组供应饮用水。

2003年

10月 天如锉刀厂新建三间办公用房作为村委会办公室。是年，天如路建成。

2005年

引江西路建成。

2006年

引江村开始接通互联网络。

引江东路建成。

2007年

5月 泰州市高港区康威奶牛专业合作社成立。

9月 引江村利用填埋黄家大窅所得土地建成三层高村办公大楼。

宁都路建成。

2008年

7月 高港区自来水送水管道铺设至泰州引江河西，由高港自来水有限公司实行区域供水，引江自来水厂停办。

沿江高等级公路（长江大道）建设穿村而过，引江村二圩、四圩、小圩组的村民二次拆迁，异地居住。

2009年

7月　天如小学撤并到口岸中心小学，引江村义务教育阶段的学区调整至高港实验学校。

12月　原黄家大窨处建平房，作为村社会事业工作用房。

2010年

9月　引江村更名为引江社区。

12月　引江社区获评泰州市卫生村。

引江社区通村通组道路实现硬质化。

高港区思源公墓在引江社区建成。

2011年

9月　引江社区获评江苏省新型农村社会养老保险经办管理服务示范村（社区）。

引江社区建26座封闭式垃圾房。

2012年

1月　原天如小学改建为阳光驾校。

8月　高港区大江艺术团成立暨“文化港城行”首演仪式在引江社区举行。

12月　引江社区获评江苏省和谐社区建设示范社区。

引江社区获评泰州市关心下一代工作“双创”活动先进社区。

2013年

5月　引江社区获评江苏省民主法治示范社区。

12月8日　泰州503路公交线从高港车站延至引江社区。

高港区思源公墓与引江公墓整合，由引江社区经营管理。

引江社区所有住户全部实施卫生改厕，取缔露天粪坑。

2014年

1月　引江社区获评江苏省社会主义新农村建设示范村。

6月　引江社区在老圩东组原晒场位置建设文体广场（又名“东方红广场”）。

6月　高港区康威奶牛专业合作社入选泰州市第二批“大学生村官培养工作室”。

7月　引江西路沿线安放二十四孝雕像。

7月　引江社区利用社区附近高扬浴室和社区内圣达浴室开办惠民浴室，每月向社区60周岁以上老年人发放5张免费洗澡券。

12月　引江社区获评江苏省卫生村。

引江社区宁都自然村的老圩东组、三圩东组、十圩东组、十圩西组建设生活污水处理设施。

引江社区获评江苏省生态村。

引江社区实现光纤入户。

2015年

1月　环境保护部自然生态保护司到引江社区调研农村生活污水处理工作。

2月　引江社区获评泰州市2014年度全面小康建设十强村。

8月　高港区书法家协会“书画进基层活动”走进引江社区。

9月　引江社区拍摄《朗润明珠　魅力引江》宣传片。

10月　山东省临沂市党政代表团到引江社区观摩。

引江社区获评江苏省水美乡村。

高港区开展村居综合体制改革，引江社区为改革试点社区之一，对原有的便民服务中心、警务室、卫生室、居家养老服务中心等进行改扩建。

2016年

3月14日　江苏省春耕备耕“送农机送科技送服务下乡”暨农机“3·15”活动在引江社区举行。引江社区为高港区活动点。

4月5日　位于引江社区境域内的高港区烈士陵园、烈士纪念馆开园开馆。

6月　引江社区获评高港区先进基层党组织。

8月　引江社区举办奖励高考学子颁奖仪式暨专场文艺演出。

11月　引江西路铺设柏油路面。

高港区烈士陵园在引江社区建成。

2017年

7月　引江社区获评高港区扶贫工作先进集体。

10月　高港区思源公墓提档升级，建设风景桥、风景河、区间路等基础工程。

12月　引江社区通过江苏省美丽乡村验收。

引江社区实行河长制，全面整治河道。

2018年

3月　高港区老年艺术团到引江社区开展惠民演出。

4月　泰州市国际水城水乡旅游节系列活动“情系水乡　相约柴墟”开幕式在引江社区文体广场举行。

4月　引江社区获评泰州市2017年度强富美高新农村建设十佳示范村。

5月　河北省秦皇岛市委办考察团考察引江社区党建工作。

7月　江苏省九三学社省政协委员到引江社区调研指导垃圾分类、村庄环境长效管护工作。

7月　引江社区获评泰州市文明社区。

7月　南京农业大学垃圾分类宣讲队到引江社区宣传垃圾分类知识。

10月　江苏省盐城市盐都区考察团到引江社区交流学习远程教育工作。

12月　引江社区完成社区所有散坟迁移工作。

高港区思源公墓至刁陈大桥泰州引江河西侧的“四好公路”建成通车。

2019年

1月　引江社区被评为泰州市争创乡风文明示范村。

3月　十圩西组道路改扩建、河道驳岸等环境整治工程开始施工。

7月24日　引江社区召开特色田园乡村建设推进会，推进特色引江建设。

8月3日　农业农村部、省农业农村厅到引江社区调研乡村治理与农业社会化服务工作。

11月　引江社区党总支书记张竹山获评江苏省“百名示范”村书记。

12月　引江社区获评江苏省文明社区。

2020年

3月　引江社区党总支书记张竹山获评“江苏好人”。

6月8日　引江社区股份经济组织合作社首届村民代表大会召开。

7月5日　引江社区召开“加速‘乡村振兴’建设步伐，走公司化运行模式”讨论会。

8月　引江社区党总支书记张竹山获评“中国好人”。

9月　老圩西废旧仓库改建为农产品电商展示中心项目开始实施。

10月11日　老圩东新庄周边环境整治工程整改方案开始实施。

11月　赵泰支港河道驳岸及赵天路路基拓宽改造工程开始实施。

2021年

1月　引江社区获评江苏省生态文明建设示范社区。

1月　引江社区获评全国民主法治示范村（社区）。

3月　引江社区农旅融合项目实施方案经村民代表大会讨论通过。

4月　儿童乐园开始建设。

4月　引江社区党总支书记张竹山获评江苏省劳动模范。

5月19日　省住建厅到引江社区调研农村垃圾分类及资源利用工作开展情况。

6月　引江社区获评江苏省基层党组织书记实训基地。

6月　引江社区党总支书记张竹山获评江苏省优秀党务工作者。

7月　引江社区党总支书记张竹山获评江苏省最美基层共产党员。

12月9日　泰州市深化农村公共基础设施管护体制改革工作现场推进会在引江社区召开。

12月　引江社区获评“泰美小院（园）”示范社区。

12月　引江社区获评高港区扶贫“三会”工作先进集体。

12月　引江社区集体所属泰州润都农业供销有限公司拟组织实施的工程项目经居民代表大会审议通过。

2022年

1月　引江社区获评江苏省文明社区。

3月10日　泰州市全民植树活动在引江社区泰州引江河堆土区举行。

5月1日　引江社区农旅融合一期项目“相聚缘”儿童欢乐园开园营业。

5月　引江社区党总支书记张竹山家庭获评江苏省“五好家庭”。

7月　泰州引江河河东片区污水管网改造工程开始实施。

8月　引江社区获评泰州市“七彩童梦营”困境青少年关爱服务基地。

11月　引江社区获评江苏省特色田园乡村。

12月7日　畅流活水工程通过区级验收。

2023年

6月　“相聚缘”儿童欢乐园内新增“冰雪世界”项目建成。

7月25日　江苏交控大学（党校）、江苏泰州大桥有限公司、引江社区签订“企地同心 助力振兴”结对共建协议。

10月　引江社区获评江苏省美丽家园省级示范点。

10月　引江社区人民调解委员会获评全国模范人民调解委员会。

11月12日　高港团区委联合南京中医药大学泰州校区团委在引江社区举办“榜样之光领航向 校地携手话振兴”主题活动。

编后记

2023年12月，《引江社区志》被省地方志办公室列入2024年度江苏名镇名村志出版资助计划，是泰州市范围内承编的首部江苏名村志。泰州市、泰州医药高新区（高港区）、口岸街道、引江社区领导高度重视，2024年1月，组织召开编纂工作推进会议，并制定《江苏名村·引江社区志》编纂出版计划表。2024年2月，在已出版的泰州市名村志《引江社区志》基础上，按照省名村志要求完成初稿，3月26日，通过社区志编纂委员会组织的初审。

4月24日，形成复审稿，提交泰州医药高新区（高港区）党史方志办公室复审。泰州医药高新区（高港区）党史方志办公室成立由邵釜明、卢峰、查云富、俞德斌、陈丹5人组成的评审组，对复审稿进行审阅。5月10日，《江苏名村·引江社区志》通过泰州医药高新区（高港区）党史方志办公室组织的复审。7月16日，形成终审稿，提交泰州市党史方志办公室终审。7月31日，《江苏名村·引江社区志》终审会在引江社区召开，省、市、区地方志部门和泰州医药高新区（高港区）、口岸街道相关领导以及评审小组成员、修志人员等17人参加会议。省、市专家和评审小组成员分别从篇目设置的科学性、内容记述的全面性、文字表述的精准性以及图片视频的合理性等方面，对志书提出完善意见。会议同意《江苏名村·引江社区志》通过终审。终审会议后，按照各级领导要求和评审专家意见，逐条梳理、修改、补充，组建由泰州医药高新区（高港区）党史方志办公室主任邵釜明担任组长，市、区党史方志办公室有关专家和引江社区有关人员为成员的《江苏名村·引江社区志》工作专班，成立文稿、图片、视频3个专项工作组，详细制定《江苏名村·引江社区志》编纂月度计划，细化到周，高效、有序推进编纂工作。8月底，形成验收稿，提交省地方志办公室验收。10月15日，通过省地方志办公室验收。

《江苏名村·引江社区志》全面、系统地记述了引江社区自然、政治、经济、文化、社会、生态等各方面发展变化，重点展示了其在留存地方乡愁记忆、丰富人民精神生活、服务乡村振兴、优化社会治理等方面的地域特色。全志文字简洁流畅，通俗易懂，辅以精美的照片、视频，具有较高的可读性。

《江苏名村·引江社区志》的编纂，得到了省地方志办公室、泰州市党史方志办公室和泰州医药高新区（高港区）党史方志办公室领导和专家的关心、指导和帮助，他们从篇目拟订、志稿编写、志稿修改、图片排版、视频拍摄等每个环节都进行了细致审核和精心指导，同时提供了大量的档案资料，供我们查阅参考，并且多次现场或远程指导，审稿把关，确保了志书的方向和水平。本志的图片由顾祥忠、王峰、高卫东等人拍摄。在这里，我们向省、市、区地方志部门的领导和参与编修、评审的专家，向为《江苏名村·引江社区志》编纂工作提供帮助支持的所有同志表示衷心的感谢！

作为泰州市首部江苏名村志，《江苏名村·引江社区志》的正式出版，是引江社区、口岸街道、泰州医药高新区（高港区）乃至泰州市的一件文化盛事。它记载的是引江社区的发展史和奋斗史，展示的是改革开放的成果和人民群众积极向上的精神面貌，激发人民群众爱国爱乡情怀的同时，也是留给后人的一份宝贵财富。

限于经验和水平，书中疏漏、不当之处在所难免，敬请各位读者批评指正。

编　者

2024年12月